童世骏等　著

新时代人民满意的教育

多学科视角

华东师范大学出版社
East China Normal University Press

目　录

第一章
多方同时用力办好人民满意的教育

童世骏　华东师范大学党委书记，国家教育宏观政策研究院院长，马克思主义学院教授

内容提要

为了使人民群众有美好的生活，我们必须办好人民满意的教育。目前中国教育最不让人满意的那些现象，很大程度上既是由客观上的教育发展不充分不平衡造成的，也是由主观上的教育观念不充分不平衡造成的。为了办好人民满意的教育，我们必须在客观和主观、宏观和微观、学校内部和学校外部等多方面同时用力。

作为教育工作者，学习党的十九大精神的核心任务，是把学习习近平同志在十九大报告中有关“美好生活”的论述与他在教育工作上的要求，在理论和实践两个层次上紧密结合起来。在十九大报告中，“美好”一词出现了十五次。就理想而言，习近平同志说我们要“永远把人民对美好生活的向往作为奋斗目标”；就现实而言，习近平同志说“我国社会主要矛盾已经转化为人民日益增长的美好生活需要和不平衡不充分的发展之间的矛盾”。为了缩小理想与现实的差距，为了满足人民对美好生活的需求，习近平同志要求“办好人民满意的教育”。为了办好人民满意的教育，我们必须在客观和主观、宏观和微观、学校内部和学校外部等多方面同时用力。

一、基于美好生活的教育之满意

“美好生活”有不同方面，生活之“美好”与教育之“满意”之间的关系，也要从不同方面去理解。

人生活在客观世界之中，生活在人际关系之中，生活在人生旅程之中，因此，“美好生活”涉及“物我”、“人我”和“自我”三种关系，这三种关系分别构成了人的“物质生活”、“社会生活”和“精神生活”的核心。就“物我关系”而言，生活是否美好，既取决于生活资料是否富足，也取决于生态环境是否宜人；就“人我关系”而言，生活是否美好，既取决于人际关系是否融洽，又取决于人际比较如何进行——在人与人之间进行比较的时候，我的生活美好程度与别人的生活美好程度是相关的还是不相关的，是正相关的还是负相关的，是零和的还是非零和的；就“自我关系”而言，生活是否美好，既取决于人们对自己人生的理解是向上的、向下的或静态的，又取决于人们对自己生活的理解是单向度的还是多向度的，是基于何种价值观念的。

目前中国教育中最不让人满意的那些现象，如升学压力过重、择校压力过重、学生学业负担过重、家长陪读负担过重等，很大程度上既与客观上教育发展的不充分不平衡有关，也与主观上教育观念的不充分不平衡有关。

客观上教育发展的“不充分”，是指优质教育机会在面上供不应求；客观上教育发展的“不平衡”，是指优质教育机会在点上供给不均、供给不公。主观上教育观念的“不充分”的一个重要表现是，只用单一指标来衡量人生是否“美好”，并且把人生不同阶段做手段与目的的截然二分，进而基于这样的人生观来理解教育与人生的关系；主观上教育观念的“不平衡”的一个重要表现是，把社会上的人际关系普遍看作是你多我少、我赢你输的零和博弈，进而从这种角度来理解社会的教育机会分配方式和自己的教育需求满足程度。

人们谈得比较多的是客观上教育发展的不充分不平衡对办人民满意的教育的制约性。在这种情况下，有必要对主观上教育观念的不充分不平衡足够重视。因为，假如我们在思考“什么样的人生是美好的”问题时都只有一个衡量指标——从前往往是“学而优则贵”，而今天往往是“学而优则富”，假如我们只有在比别人“更富贵”的时候，才觉得自己是“真富贵”了，假如我们只是基于这样的人生观来理解教育与人生的关系，那么，我们或我们孩子的人生中的每一个进步，包括受教育过程中的每一个进步，都可能因为别人或别人家孩子有更大的进步，而被抵消掉。

尤其严重的是，如果我们不仅把人生是否成功、是否美好只用对物质财富和社会地位的占有程度来衡量，把教育是否令人满意只用它是否给我们带来更多的财富和更高的权位来判断，而且把人生旅程截然分成手段和目的两个部分，把一部分人生仅仅作为手段，把一部分人生仅仅作为目的，那么，我们更容易发现，在把自己的一部分人生或我们的孩子的一部分人生作为手段牺牲掉了之后，这种牺牲并没有为我们换来真正意义上的美好人生。原因很简单，牺牲了人生中一部分的那种人生，已经是一种残缺的人生，而不是美好的人生。

二、主客观两方面的教育之理解

因此，为了在人民群众对美好生活的追求过程中，向人民提供让人民满意的教育，我们需要在主客观两方面同时用力。

从客观的方面来说，我们要在基础教育全面普及，高等教育接近基本普及，职业教育迅速发展，学前教育、特殊教育、继续教育等各类教育也取得突出成绩的基础上，进一步提高教育供给的质量和效用，增加优质教育供给的数量和种类，扩大优质教育的惠及范围，增强服务针对性。教育领域客观状况的这种进步，不仅将减少人民群众的教育需求与国家社会的教育供给之间的现有矛盾，而且有可能促进人民的教育需求本身，朝着更加美好生活的方向发生变化，进而在更高水平上实现教育需求与教育供给之间的良性循环或动态平衡。

从主观的方面来说，我们要更清楚地了解人民群众对教育的实际需求及其变化趋势。在过去的十年中，我国经历了经济总量位居世界第二、城镇化率跨过50%、基础教育普及率接近全覆盖、数据生活和共享经济迅速崛起等重大事件。这些事件不仅标志着我国人民的物质生活水平的重大进步，而且标志着我国人民的社会生活水平和精神生活水平的重大进步。人民的教育需求既是这些进步的原因（不断提高的教育水平是“中国模式”取得举世瞩目成功的重要奥秘），也是这些进步的结果（满足原有现实需要的过程，往往也是凸显原先潜在需要、激发全新需要的过程）。在过去十年中，有关教育的年限和空间，教育的起点和终点，教育的内容和形式，教育的种类和品质，以及受教育的动机和目的、功能和体验，尤其是教育资源和教育机会的提供方式，教育与职业生活和日常生活的关系等都发生了一些重要变化。

对于人民群众教育需求的这些变化，教育领域的决策者和研究者不能满足于在经验中得到印象，或满足于在思想中进行推论，而要下决心进行扎扎实实的调查研究和分析研究。

必须指出，了解人民对于教育的数量、种类和质量的需求，与了解人民对于食物的数量、种类和质量的需求，在方法上有很大不同。尽管我们对食物的需求也会受到其他人对食物的需求及其满足状况的影响，但这种影响与我们的教育需求可能受到其他人的教育需求及其满足状况的影响相比，要小得多。我们现在通常把教育列入民生领域，但教育不仅是民生问题，也是文化问题，它不仅涉及物质消费，更是文化消费。

在文化领域，一个人在 t_0 希望在 t_1 能够满足的某个需求，在 t_1 即使得到了满足，也要比在其他领域更不容易让这个人在 t_1 确实感到满意。在文化领域，一个人在 t_1 是否满意，满意的程度是多少，相比在其他领域，往往更加不仅取决于在 t_1 时刻他原来那个愿望是否真的得到了满足，而且取决于在那个时刻其他人拥有着哪些愿望，满足了哪些愿望。文化消费与物质消费的一大区别是，物质消费需求是与人作为一个自然生命体的特征和规律密切相关的，而人作为一种自然生命体的特征和规律，基本上是既定的和恒定的。随着经济发展、社会进步和生活改善，已经基本上找不到一种物质消费对象是不同时也具有文化成分的，因而是不同时也是一种文化消费对象的。

但相对来说，教育更多的是一种文化消费而不是一种物质消费；教育需求更多的是对恩格斯在《自然辩证法》中所说的“享受资料”和“发展资料”的需求，而不是对“生存资料”的需求。在这种情况下，教育需求总体上是超越人的自然属性而依赖于人的社会属性的，教育需求在内容、质量和数量等方面的变化，会在很大程度上受人所处的社会文化状况的变化的影响。从这个角度说，满足人民对于美好生活的教育方面的需求，比满足人民对于美好生活的许多其他方面的需求，更是一种系统工程，更加需要多方用力。

三、满意的教育要关注四个问题

从人民群众的教育观的角度来思考“人民满意的教育”与“人民群众对美好生活的向往”之间的关系，特别要关注以下四个问题。

第一，人民看上去越“满意”的教育，会不会恰恰是越偏离真正意义上的符合人民美好生活要求的教育？尤其对特定地区而言，假如这个地区的人民只希望孩子考高分、进名校、挣高薪，而这个地区恰好财政状况很好，政府于是花很多钱来满足这种教育需求，那么，结果很可能就是应试教育越来越严重，素质教育、职业教育、特殊教育和继续教育等则越来越萎缩。

第二，理论上符合“美好生活”要求的教育，会不会恰恰是现实中并不让人民尤其是学生家长们“满意”的教育？比方说，有些幼儿园强调快乐教育和个性培育，不进行按理只在小学才能进行的识字算术教育，孩子们因此很高兴，但孩子们的父母们、祖父祖母们往往会不高兴，觉得他们的孩子因此在知识教育方面“输在起跑线上”了，无法达到他们所看重的小学的入门线了。又比方说，有些地方政府把一些普通高校改为高级职业学院，以便适应该地区的产业需求和就业需求，但报考这些学校的学生很少，公众对这样的学习评价也不高。

第三，许多人其实是明白何种教育是真正符合“美好生活”的、是真正值得人民满意的，但为什么他们在实际生活中却常常更愿意选择那种对他们来说并不满意的教育呢？比方说，常常可以看到一些领导同志，包括人大代表或政协委员，他们在会议发言时经常说应试教育太偏，学业负担太重，批判功利教育、教育不公等，但在实际生活中，他们却往往忙着为自己的孩子或孩子的孩子择校，拜师，参加这个那个辅导班、培训班。

第四，即使宏观层面上教育政策和办学思路没有问题，发生在教室里的教学活动，发生在师生间的教育行为和发生在学生间的在校生活，仍然可能离“满意的教育”距离甚远。学生间的“霸凌”现象，常常是有家庭和社区方面的原因的。学生在教室里感受到的不受关心、不受尊重，往往也反映了教师在工作能力、职业素养和岗位责任心等方面的种种缺憾。

因此，为更美好生活提供更满意的教育，不仅要在主观和客观两方面同时用力，而且要在宏观和微观两方面同时用力。加强和改善家长教育和教师教育，加强和改善教师队伍建设和师德师风建设，是办人民满意的教育的核心工作。

四、多方用力办人民满意的教育

从人民群众的教育观的角度来理解“人民满意的教育”与“人民群众对美好生活的向往”之间的关系，进而解决由于教育观的不充分不平衡所造成的教育问题，需要学生及其家长、社会及其管理部门、学校以及教育主管部门几方面同时用力。

就学生及其家长而言，要形成正确的教育观念，避免对教育目的做片面理解，避免对教育机会分配只做零和理解。公允地说，“这山望着那山高”、“得陇望蜀”等心态，既可以是消极的（所谓“贪得无厌”），也可以是积极的（所谓“止于至善”）。究竟属于哪种性质，一个是看所“盼望得到的东西”是什么，一个是看用来比较的标准在哪里。谈论教育是否让人民满意，“盼望得到的东西”自然是指教育机会或学习的机会。

俗话说，“活到老学到老”，如果我们对教育的内涵和教育的目的有正确的理解，我们就可以在教育方面“止于至善”。但是，哪怕我们的教育目的并不是功利主义的（即不是只承认教育的外在价值而忽视教育的内在价值），也并不是物质主义的（即不是只重视教育会给我们带来的物质利益或世俗好处），哪怕我们并不从零和博弈的角度去看待教育机会的分配和利用（即在教育机会选择时不会过多地受好胜心甚至嫉妒心的支配），我们在教育观上仍然有一个重要工作，那就是处理好人生中的目的和手段的关系。我们要避免把人生过程断然分为两截，一截是目的，一截是手段，把人生的一部分（青少年）贬低为人生的另一部分（成年）的手段甚至代价。

就社会及其管理部门而言，要形成合理的教育文化，避免人民群众对教育目的和教育机会的错误理解。应该承认，我国目前还具有发展中国家的国情特点，以赶超型发展为奋斗目标，当今世界处在知识经济、信息社会、全球化时代，再加上中华民族素有尊师重教、尊智重贤的文化传统，所以，当前中国出现教育需求旺盛、优质教育严重供不应求的现象，具有很大的合理性甚至正当性。但是也要看到,这种教育需求所指向的,往往并不是教育对于成才而成人的内在价值,而是教育对于成才而成功的外在价值。

社会的各种形式的选择机制,在受教育者对教育的外在价值的追逐上起了恶性助推的作用。值得欣喜的是,在现在的中国,基本教育机会的供给已经不成问题,成问题的是优质教育机会的供给匮乏。但同时也要看到,教育机会的"优质"是一个相对概念,所谓"没有最好,只有更好"。从这个角度看,优质教育机会的供给可以说永远是不足的。

从常理来说,自改革开放以来,如果没有外在的压力,在中国教育取得如此大的发展的情况下,人们对于优质教育机会的争夺,不至于长期发生激烈的零和博弈。但在当代中国,因为生活方式尤其是工作岗位的选择过分依赖于一个人是否获得优质教育机会,特别是过分依赖于一个人是否具有获得优质教育机会的外在标志——高学历文凭、名校文凭、名校的高学历文凭等,对优质教育机会的激烈的零和竞争就很容易成为一种常态,并没有因为实际上优质教育资源供给越来越丰富而有减缓趋势。

因此,对社会及其管理部门来说,为了避免因为对教育目的和教育机会的错误理解而妨碍办人民满意的教育的事业,有必要减少社会对社会成员之择优机制与社会成员的优质教育机会之获得与否的紧密联系,而在择优过程中要加重一个人的真才实学相对于其求学经历和文凭证书的分量。在通过有效措施为办人民满意的教育提供合适的社会条件和文化环境的同时,社会及其管理部门还应该在全社会范围大力倡导爱科学、爱劳动的社会公德和自主学习、终身学习的教育理念,从而在改善社会的择优机制的同时,改善社会成员对择优机制的适应方式。

相对于学生及其家长、社会及其管理部门来说,学校以及教育主管部门当然是办人民满意的教育的主体。但根据上面的分析,学校以及教育主管部门对目前相当严重的使人民对教育"不满意"的问题所要承担的责任,其实并不像通常想象的那么大。在现实生活中,家长们常常是一面抱怨这所学校让孩子熬夜、吃苦,一面抱怨那所学校压力太轻、对学生不够负责;政府常常是一面谴责学校分数挂帅、排名至上，一面却为学区房带来更多税收而欢欣鼓舞，为本地区出了高考状元而兴高采烈。面对这样的情况，我们有理由说，现在的教育之所以还不够让人民满意，恐怕并不是(或并不主要是)因为学校和教育主管部门太不争气、太不给力。

之所以这样说，并不是要在分析中国教育还不尽如人意的原因时回避学校和教育主管部门应该承担的责任，而是想指出：要使中国教育从不那么令人民满意到比较令人民满意，学校以及教育主管部门的主要责任其实并不在表层，而在更深的层次。我国已经不仅全面普及基础教育，而且已经实现了高等教育的大众化。因此，对社会的择优机制负有责任的人们，可以说不仅受过教育，而且受过很好的教育；他们有什么价值观，他们对教育功能和教育机会有什么样的理解，直接影响了社会的择优机制会发生什么作用，影响了中国社会有怎样的教育文化。

同样，对社会的择优机制以何种方式加以应对，很大程度上是学生家长们的责任，而这些通常也受过教育甚至很好教育的家长们，他们有什么样的价值观念，他们对教育目的和教育机会有什么样的理解，也都会影响他们的孩子们所在学校的价值取向和运作倾向。当然，学校乃至整个教育主管部门在办人民满意的教育方面，在消除教育领域中不令人满意的现象和状况方面，有许多工作要做，包括学校自身的改革发展，教师队伍的质量提升，相关政策的配套落实，等等。但是，其中最重要的工作，可能是对学生，对未来的社会成员、政府官员和孩子家长，同时也对教育者、教育决策者和教育管理者自己，进行更加正确的价值观教育，包括更加正确的教育观教育。

第二章
以人民为中心的教育基本理论

孙霄兵　中国教育发展战略学会执行会长，曾任教育部政策法规司司长、教育部法制办公室主任

内容提要

以人民作为教育事业的中心，是中国社会主义教育的基本性质和社会基础，是新时代教育改革发展的必然要求，是办好教育、抓好教育工作的关键，也是构建新的教育基本理论和新的教育学的核心。办以人民为中心的教育，需要坚持马克思主义，明确以人为中心的主体和主题，处理好教育中人和自然、人和神、人和物、人和人的关系；需要既重视受教育的群体的发展，也重视受教育的个体的发展，在宪法和法律上明确全体人民受教育的权利和义务；需要大力推进以人民为中心的教育法治；要围绕着人和人民的发展展开工作，要以人民的需求为起点，以人民的权利为中心，以办人民满意的教育为终点。

一、以人民为中心是中国教育学的核心

以人民作为教育事业的中心，是中国社会主义教育的基本性质和社会基础，是新时代教育改革发展的必然要求，是办好教育、抓好教育工作的关键，也是构建新的教育基本理论和新的教育学的核心。

党的十九大报告指出，坚持以人民为中心的发展思想，不断促进人的全面发展。人民是历史的创造者，是决定党和国家前途命运的根本力量。必须坚持人民主体地位，坚持立党为公、执政为民，践行全心全意为人民服务的根本宗旨，把党的群众路线贯彻到治国理政的全部活动之中，把人民对美好生活的向往作为奋斗目标，依靠人民创造历史伟业。

我国社会主要矛盾已经转化为人民日益增长的美好生活需要和不平衡不充分的发展之间的矛盾。同样，教育的矛盾，也是人民群众日益增长的对于优质教育资源的需要与不平衡不充分之间的矛盾。这就要求我们加大工作力度，逐步解决这些矛盾。党的十九大报告在“提高保障和改善民生水平”部分中指出：“优先发展教育事业。建设教育强国是中华民族伟大复兴的基础工程，必须把教育事业放在优先位置，深化教育改革，加快教育现代化，办好人民满意的教育。”

党的十九大报告关于人民为中心的发展思想和社会主要矛盾以及办人民满意教育的论述，为新时代的中国教育指出了新的发展方向。办人民满意的教育，也就是办以人民为中心的教育，这应当是今后教育的基本主题。

从现在起，将以人民为中心、办人民满意的教育作为教育工作的主题和内容，推动我国新时代教育的发展，就需要我们认真研究以人民为中心、办人民满意的教育的基本理论，以指导实践的发展。

二、以人民为中心是马克思主义的思想

办人民为中心的教育，需要坚持马克思主义，明确以人为中心的主体和主题，处理好教育中人和自然、人和神、人和物、人和人的关系。

在哲学领域，人民的概念，就是指人的集合。人的概念在哲学上，主要可以在四个维度上展开分析，即人与自然的关系、人和神的关系、人和物的关系、人和人的关系。

先看人和自然的关系。过去的所有学科，基本上把人和自然的关系，描述成为人改造自然的关系，特别强调人主要运用理工学科和科技手段征服自然、改造自然、利用自然。随着生态环境的持续恶化，人们终于认识到，还应当保护自然，与大自然和谐相处，使人和自然的关系在科学、文化和教育领域形成新型关系，培养与大自然和谐相处的新一代人类。

人和神的关系，既是人和自然关系的反映，也是人和人关系的反映，在历史上首先是人和自然关系的反映。在人类早期，人们缺乏对于大自然的认识和把握能力，大自然对于人的不可知性、不可抗性、不可改变性、不可超越性反映为自然的神性。随着生产力的发展和科技人文的发展，大自然逐渐被认知、被改造、被利用，大自然的神性在降低而物质性在增加，人和自然关系中人性在增加而自然性在降低，人和自然的关系逐渐让位于人和人的关系。坚持这一主题，即为中国的教育奠定了科学主义的基础。

所谓人和神的关系，无非是人类社会中宗教的地位和作用以及宗教与人的关系，是人们对于自身力量的外化、异化的认知和实践问题，是人本身主导自身还是人创造的人类形象主导自身的问题。随着人们对于人类自身与人类社会规律和结构认知的增加，人们终于认识到，从来就没有什么救世主，也不靠神仙皇帝，要创造人类的幸福，全靠人类自己。人终于在与神的关系中初步取得了胜利。这对于中国的发展和中国教育的发展是极为重要的。神是人创造的。神，也像被人创造出来的许多物体一样，终于由人来主

宰了，尽管在不同的领域仍然存在着不同的神，神仍然在一定领域起着历史的和现实的作用。中国是无神论占主导的国家和社会。法律规定宗教与教育相分离。这就表明，中国的国民教育在这个意义上是无神论教育，这为中国的教育奠定了人本主义的基础。

人和物的关系可以表述为人和资源的关系，随着人们对于生活和生产资源的认知、掌握、运用能力的增加，资源正在日益丰富起来，人类在走出蒙昧时代的同时终于走出了资源匮乏时代。随着新的时代的到来，人和物的关系中产生了新的状况，这就是人创造的物和物质越来越成为人和物关系中的主要因素和主要媒介。人创造了新的环境、工具甚至主体，例如电子信息环境、大数据信息系统、电子信息工具、高智能的仿生仿真的机器人以及机器人和生物人的混合体。这些人和人类社会的创造物越来越具备了人性甚至神性，人和物的关系开辟了新的领域和新的战线。今后，人际关系和人类社会的发展变化以及与教育的关系，会由于新兴科技、电信实体和工具、物质物资包括电子信息和机器人的形成和加入而变得更为复杂。对此，教育工作者一定要有清醒、足够的认识。这为中国的教育奠定了人文主义的基础。

我们相信，人和物的关系与人和自然、人和神的关系一样，人和人类最终将取得主动权、主导权和胜利结果，当然这需要艰辛的探索和努力。所有的人和自然、人和人、人和物的关系问题的解决，人和人类的认知问题、社会问题和教育问题的解决，都指向了人和人类关系最后一个也是唯一一个领域——人和人的关系领域，也就是人和人类关系的领域和问题的认知和解决，只有在这个问题解决以后，其他问题才能得到彻底解决。

人和人的关系是最为重要的哲学、社会学关系，完全可以与物质和精神的关系、生产力和生产关系的概念等量齐观。这也就表明，人和人的关系业已超过人和自然、人和神、人和物的关系，成了所有学科中最为主要的关系。人民包括群体（团体、集体）和个体。在人和人的关系中，群体和个体的关系，群体和群体的关系及其影响下个体和群体的关系与个体和个体的关系，成为最为复杂的现象和最为重要的主题。对此，各种科学、学科、理论和实践提供了各种不同的模式和路径。但有一个方法是共同的，人和人的关系，分别体现为个体和个体的关系、个体和群体的关系、群体和群体的关系。对此，中国和西方社会在历史上和当下对此问题的认知和解决的途径和方法是有所不同的。

在两者的关系中，我们看到，西方哲学传统的重要倾向之一是强调个体的存在和发展，强调个体和个体的关系，集体、人民等概念相对弱化甚至缺失；同时强调个体与个体以及个体与集体和社会之间的疏离、异化和对抗。我们似乎看到一种倾向，就是个体至上，个体存在超越个体和个体的关系，个体和个体的关系超越个体和群体、群体和群体的关系。并且，西方哲学给予了社会学和价值观判断。例如基督教提出了人的原罪，使人生永远处于赎罪状态，为个体和个体、个体和社会的关系打下了阴暗的基调。英国哲学家霍布斯(1588—1679 年)提出，人对人是豺狼，否定了人与人之间、人类社会中的善良、温情和爱恋，成为资本主义社会中的利己主义哲学。德国哲学家莱布尼茨(1646—1716 年)提出了单子论，为个人主义奠定了哲学基础。德国哲学家马尔库塞(1898—1979 年)提出了单向度的人，指出了在当代资本主义社会中人的异化状态。法国存在主义哲学家萨特(1905—1980 年)更是提出，他人就是地狱，从根本上否定了人与人之间信任和合作的可能。

可以看出，个人和他人的关系，和群体、集体的关系，不仅具有了哲学性质，而且具有了社会学性质，不仅提出了人和人关系的主题，而且还涉及人和人关系的性质。这说明，只有在人和人关系的性质解决以后，人和人关系本身的问题才能得到解决。

由此，西方哲学和人文社会科学中长期出现了人的单子化、个体化倾向，当代更是出现了人的工具化、消费化、品牌化倾向。在法学上，逐渐把人的个体权利绝对化(如在社会生活中推崇钉子户、持枪权等)。当然，西方哲学、法学对于个人的重视，强调个人的自主性、独创性，有一定的积极意义，但其根本失误是否定了人民，否定了集体，这是西方资本主义社会在人际关系上往往出现病态和在社会发展上没有出路之根本所在。

马克思认为，人的本质不是单个人所固有的抽象物，在其现实性上，它是一切社会关系的总和。马克思主义重视个人的发展，首先强调人民群众的重要作用，强调集体的重要作用。马克思主义重视个人，但更强调调动人民的积极性和创造性，强调把个人的发展纳入人民群众的发展中来考虑，强调无产阶级的历史主体作用和能动的实践。同样，群体的发展要体现为个人的发展。马克思主义在强调人的自由而全面的发展的同时，强调未来的国家是相互教育的自由人的联合体等。这是马克思主义与西方资产阶级人学社会学最为本质的区别。正确处理个体发展和群体发展的关系，在教育学上有着重要的意义，这为中国的教育奠定了马克思主义的基础。

三、以人民为中心的教育的主题与特性

办人民为中心的教育，既需要重视受教育的群体的发展，也需要重视受教育的个体的发展，处理好教育中群体发展与个体发展的关系，在此基础上进一步明确当前教育的主题、范围和内容。

除了在哲学领域解决人和人、群体和个体的关系问题外，还需要在教育学领域解决这一问题。教育的发展必然与人和社会的关系的发展产生紧密的关系。在今天中国的教育中，群体的发展问题已经基本解决，一些遗留问题相信会很快得到完善解决。但是个体发展问题、个体与其他个体的协调发展问题、个体与群体的协调发展问题没有得到很好解决。在政府和社会看到群体发展成绩的同时，人民群众看到的却更多的是个体发展与个体和群体发展的关系问题。两者出发点和角度不同，不容易形成共识。

目前教育学需要兼顾个体的发展和群体的发展，也需要处理个体与群

体以及个体与个体的协调发展的关系。这需要人们更加注意，在发展、改革教育时，要把群体发展与个体发展结合起来，把共性发展与个性发展结合起来，把均衡发展和重点发展结合起来，把公平发展与质量发展结合起来，把全面发展与充分发展结合起来。这样才能在人的发展中正确理解人民群众的发展，在人民群众的发展中正确理解人的发展。

重视个体发展与群体发展的关系，也是解决中国教育问题的一把钥匙。对于人和人民的教育需要涉及的问题，需要分为不同的层次和步骤加以解决。从这一角度考虑，中国今后的教育发展，大致可以分为三个阶段。

第一个阶段，从现在起到2020年，是群体教育均衡发展阶段，基本属于解决教育公平，消除地区、城乡、学校、特殊群体差距阶段，同时积极为促进个体教育发展做准备，提供条件。

第二个阶段，从2020年到2035年，属于促进群体教育均衡发展及促进个体教育发展并重阶段。在这一阶段，要巩固各级各类教育均衡发展并在个体发展方面取得积极成果。

第三个阶段，从2035年到2050年，是主要促进个体教育发展阶段。在这一阶段，为每一个学生的发展提供越来越充分的条件并取得重要结果。2050年以后进一步巩固。

在这三个阶段中，发展和改革同等重要。到那个时候，才可以做到马克思所说的，每个人的自由发展是一切人自由发展的条件，教育学才会真正成为所有科学皇冠上的明珠。在教育事业发展的同时，必须积极发展和超前设计新时代的教育学理论和实践。

在为教育事业发展、改革服务的同时，教育学需要进一步完成、完善自身的理论构建和实证基础。新时代教育学拟由四部分构成。在教育教学内容上，涵盖所有科学和人文学科；在教育教学管理上，涵盖所有政府和社会职能；在教育教学方法上，涵盖所有现实和虚拟工具；在教育教学途径上，涵盖所有时间和空间领域。这需要教育内部不断地发展、开放、改革和创新，同时需要带动社会所有领域、资源、体制、机制进行全新的整合、设计、结构和孵化。

这样，教育不仅能为人的发展奠定基础，而且也为社会的新的发展奠定基础。这样，才可以说，办好了人民满意的教育，才能真正体现出社会主义制度的优越性，中国乃至人类社会才能具有人的发展的光明的前景；教育才能够取代战争、工业、商业竞争成为人类社会新的发展动力和价值导向，成为人类社会唯一最为光荣、艰巨、壮丽的事业；教育工作者才会真正担负无比艰巨的责任，真正获得无限强大的能量，真正具有无上光荣的前途，真正获得无尽丰富的成果；中国的教育事业才会对中国和世界有较大的贡献，中国才会对世界具有较大的贡献。我们欣喜地看到，当前的教育政策和教育工作正在向着这一方向坚定地前进。

以人民为中心的教育，在当前具有积极的思想政治意义和重要的教育学特征。一是思想性。以人民为中心的教育的政治导向与建设社会主义法治国家，推进社会主义民主是完全一致的，其目的也是为国家的长治久安和中国共产党的长期执政奠定人民的基础。二是公共性，也就是平等性。这使教育对象的要求容易为不同的民族、种族、社会地位和宗教信仰的人和人群共同接受，使教育界乃至社会各界对教育内容的要求达成一致。三是实践性。宪法中的人民要求和公民规范，就是以人民为中心的教育的日常实践，应当成为广大教育者和受教育者的基本遵循。四是国际性。国相交在于民相亲。以人民为中心的教育，可以使中国的教育在世界上找到共同的教育的对话语言和行为标准，为中国教育和文化走出去、实施“一带一路”战略、构建人类命运共同体打造教育基础。

在今天，这样的要求是以人民为中心缔造和构建的，是通过推进教育国际化和培养国际化人才实施的。中国教育正在影响世界，以人民为中心的教育必将为构建新的教育世界提供丰富的理论资源和重要的政策指导。

四、以人民为中心的教育就是公民教育

办好以人民为中心的教育，需要在宪法和法律上明确全体人民受教育

的权利和义务，把人民的受教育的权利和义务明确为公民权利和义务，体现为受教育者和教育者的权利义务，进一步在法治上处理好教育中群体和个体的关系，处理好教育的内外部关系。

党的十九大提出的教育要求，是与全面推进依法治国的要求一致的，是在全面推进依法治国环境中实现的。办好以人民为中心的教育，需要在法治的含义上对人民的概念有正确的分析和界定。人民，《现代汉语词典》中的解释为："以劳动群众为主体的社会基本成员。"[①]许多辞书有着类似的定义。显然，这样的定位是不准确的。用劳动群众为主体的社会基本成员解释人民，已经与当前的社会现实不相衔接，需要更为准确的科学甚至法律的界定。

党的十九大报告指出，"必须坚持以人民为中心的发展思想，不断促进人的全面发展、全体人民共同富裕"，出现了全体人民的提法。全体人民，是指所有中华人民共和国公民，不再以职业、年龄、身份、地域、民族、种族加以区分甄别。

在我国宪法和法律中，人民被定位为公民，有了更为明确的权利义务界定。列宁指出，宪法是写满了人民权利的纸。我国宪法第三十三条规定，凡具有中华人民共和国国籍的人都是中华人民共和国公民。这表明，一个国家的人民，就是该国的全体国民。宪法第二章有二十四条内容专门规定了公民的权利和义务，涉及人权、言论、出版、集会、结社、宗教信仰、人身、人格、通信、申诉、劳动、休息、退休、救济、教育、创作、科研、平等、婚姻家庭、民族团结、守法、爱国、兵役、纳税等诸多方面的内容。

同时，我国宪法第五十一条规定，中华人民共和国公民在行使自由和权利时，不得损害国家的、社会的、集体的利益和其他公民合法的自由和权利，即实行权利不得滥用的原则。这样，法律既明确了个人的权利，又明确了个人与他人、群体的关系边界，统一了个体和群体的关系，具有重要的理论和

① 中国社会科学院语言研究所词典编辑室：《现代汉语词典（第7版）》，上海：商务印书馆，2016年，第1097页。

实践意义。

公民的概念使个体和他人、群体统一了起来，使权利与义务统一了起来，从而形成了个人与国家、社会的统一体。个人与他人共生共存，共同发展。公民的概念同时也为道德实践奠定了法律基础。在法律上明确公民的权利义务以及与他人的关系，是国家长治久安的根本，是社会稳定的基础，这就是马克思之所以重视公民、重视教育培养公民的重要意义。

这里需要指出的是，必须把公民社会同市民社会区别开来。公民社会是以公共关系，是以公德、公法为导向和基础的；而市民社会是以私人关系，是以私德、私法为导向和基础的，两者的法律基础和社会基础是完全不同的。

宪法中规定的公民受教育的权利和义务，在教育法律中得到了具体的体现。《中华人民共和国教育法》第九条规定："中华人民共和国公民有受教育的权利和义务。公民不分民族、种族、性别、职业、财产状况、宗教信仰等，依法享有平等的受教育机会。"《中华人民共和国义务教育法》第四条规定："凡具有中华人民共和国国籍的适龄儿童、少年，不分性别、民族、种族、家庭财产状况、宗教信仰等，依法享有平等接受义务教育的权利，并履行接受义务教育的义务。"《中华人民共和国职业教育法》第五条规定："公民有依法接受职业教育的权利。"《中华人民共和国高等教育法》第九条规定："公民依法享有接受高等教育的权利。"这样，在教育法中，人民作为公民获得了受教育的权利和义务。教育的终点同样是公民，这体现在教育的培养目标上。

《中华人民共和国教育法》第五条规定："教育必须为社会主义现代化建设服务、为人民服务，必须与生产劳动和社会实践相结合，培养德、智、体、美等方面全面发展的社会主义事业建设者和接班人。"这一法律表述了党和国家的教育方针。2006 年全国人大《中华人民共和国义务教育法》修改送审稿提出，培养社会主义合格公民，为培养德智体美等方面全面发展的社会主义事业的建设者和接班人奠定基础。2010 年党中央、国务院《国家中长期教育改革和发展规划纲要(2010—2020 年)》强调，对受教育者加强公民意识教育，树立社会主义民主法治、自由平等、公平正义理念，培养社会主义合格公民。这样，以人民为中心，以公民为起点和终点，享受教育权利、履行教育义务，经历完成教育的整个培养过程，同时为教育学奠定了坚实的法理基础和实施基础。

在教育法中，是以公民为起点展开教育活动的。公民是法治化的人民。人民只有确定为公民，才能享有宪法和法律上的权利义务和自由，才能获得相应的权益和保护。在全面推进依法治国的今天，只有要求每一个人成为合格公民，依法治国才有人民基础和教育基础，社会才能成为法治社会。不能想象，社会充斥着没有法律素质、没有法定权利义务的人，而国家和社会能成为法治国家和法治社会。在全面推进依法治国的要求下，教育也不能置身法外。

因此，在法治的意义上，以人民为中心的教育内涵必然转化为以公民为中心、为始终的教育内涵，普通教育、国民教育必然要向公民化、权利化、法治化、宪法化转化。办人民满意的教育，就是要让具有受教育权利和义务的公民满意，让公民在社会主义国家中享受和履行受教育的权利和义务。

在教育学的意义上，教育中的人和人民，《中华人民共和国教育法》第四章和第五章将之表述为教师与其他教育工作者和受教育者。其他教育法律也作了类似表述。我国教育法律还对受教育者和教育者、学生和教师、学校的权利义务进行了具体的规定，这些规定都体现了人民更为具体的教育要求。

值得指出的是，以人民为中心的要求不止是对受教育者进行公民教育、法治教育，也要进行思想政治教育和社会教育，进行以人为基础和目标的德、智、体、美全面发展的教育。这就需要把受教育者的自然形态转化成为全面发展的形态，把受教育者培养成为德、智、体、美全面发展的社会主义的优秀公民，从而实现法治社会中培养社会主义建设者和接班人的目标，使政府和教育行政部门做到依法治教。在具体目标上，我们要培养各级各类专门人才，使各级各类学校和其他教育机构依法治校、依法办学、依法育人，使广大教师和教育工作者依法执教，使广大学生和受教育者依法上学、依法受教，使社会各界依法支持教育，为教育营造良好的、有益于受教育者健康成长的环境。

这就需要在新时代教育法治中进一步明确以人民为中心，以公民为内涵，以权利义务关系为法律定位，以国家的教育方针为导向，将社会主义核心价值观教育纳入法治教育，正确处理公民教育、思想教育、道德教育、法治教育与人才教育、专业教育、职业教育的关系，在此基础上，形成以人民为中心的教育法治。

当代中国教育存在的最大问题是，以人民为中心的教育和以考试为中心的教育的对立，自然人教育和公民教育的对立，应试教育与公民教育的对立。应试教育的根本问题在于弱化了对于公民的培养，弱化了国家的教育方针。而公民教育的内涵就是实施国家的教育方针，依法对公民进行培养。

强调以人民为中心、以公民为内涵的教育，在当今教学实践和社会环境中具有重要的意义。马克思主义教育学强调教育促进人的全面自由的发展，强调人的发展的全面化、社会化、实践化、法治化，反对人的发展的单子化、单面化、抽象化、隔离化。在这个意义上说，教育是反对、克服、防止人的异化的最为有效的方法。

这首先要求，通过教育实践为儿童、青少年打下良好的行为基础和素质基础，强调立德树人，让儿童和青少年形成道德人格和法治信仰，防止境遇变化、利益追逐、欲望引诱引起的思想堕落和人格塌陷，防止他们成为丧失规则、口是心非、当面一套背后一套的两面派、双面人。

当今社会某些贪腐分子为了利益和欲望背叛自己的初心和信仰。这些惨痛教训，值得我们从教育学上深度反思。教育学和教育社会学把人与人、人民之间的关系，看成是教育与被教育和相互教育的关系，这与教育史上曾出现过的群育概念是一脉相承的。

在教育内部，教育学中最为重要的关系，是人与人的关系，具体地说，是教师与学生、学生与学生、教师与教师的关系等。充分调动教育内部和外部的人的积极性，推进师生共进、教学相长，这就深刻体现了办以人民为中心的教育的主体、领域和主题的推进方案。

当代中国教育实践中各种各样的教育理论名称，都应体现以人民为中心的教育，体现人的自由全面的发展。在教育外部关系上，我国宪法、教育法律已经为解决教育事业与其他事业发展的关系问题发挥了根本性的作用；解决了教育优先发展、确定教育事业对于其他事业的奠基和引导作用、社会支持教育、为教育营造良好的社会环境和发展条件等一系列重大问题；同时还从人民当前的教育急需出发制定了一系列的法律法规、政策、制度和办法，同样推进了人民教育的改革发展。

五、办好以人民为中心的教育需要法治

办好以人民为中心的教育，需要大力推进以人民为中心的教育法治，明确解决人民群众教育问题的途径和方法。

在依法治国的背景下，依法治教成为推进教育工作最为重要的主题和途径。教育政策和教育工作的全部内容，都可以体现为推进教育法治。大力推进以人民为中心的教育法治，从内容上看，就要求坚持完善人民主体及其地位、权利及其资格、人身及其保护、自主及其自律等一系列重要的教育法治范畴。

一是人民主体本位。主体是办以人民为中心的教育最为重要的概念，是教育关系中最为重要的因素。按照办以人民为中心的教育的主体的重要性排序，首先应当是学生，然后依次是教师、学校和教育行政部门。过去从管理的角度，教育主体的重要性排序首先是教育行政部门，之后才是学校、教师和学生。人民为中心必然将这一排序纠正过来。目前仍然存在着教育主体法治发育不足的问题，需要在立法和执法上加以解决。针对主体立法有一定困难的情况，要配合国家立法，建议推进有关教师法律的修订，同时组织学术力量和学术课题，整理形成学生法典、学校法典建议方案。

二是人民权利本位。权利是法学和法律的中心命题，要在教育学、教育法学中予以特别重视。要特别重视研究学校、教师和学生权利的形成、确认、实现、发展问题，包括权利的公平、权利的质量，为以人民为中心的教育学奠定权利的法理基础。要在教育立法、执法、普法、司法中注重保护学校、教师和学生权利，明确相应的义务。要高度重视招生考试入学权益保护。在招生腐败已经基本消除的前提下，在公民权利基础上正确处理地域、民族、种族、国别招生问题，形成制度和规则。高度重视并规范各级各类学校的学生入学、考试、招生、学籍、教育教学、毕业证书（学历学位证书）工作。重点关注学前教育学额，小学教育入学年龄、条件（包括学区划分和学区房问题），公办、民办学校招生，高等学校分类考试招生入学、名额投放、降分、加分及同等待遇问题，以及学生在学习过程中转校、转系科专业等问题，减少和弱化对受教育者的资格条件限制。

三是人民人身本位。人身是主体、权利的载体。重视人民人身的安全、保护、健康、发展。注重保护教育者和受教育者人身的法律法规和规章建设。解决安全问题，防止和惩处欺凌，维护农村少年儿童（特别是留守儿童），城市弱势群体，单亲家庭孩子，残疾人的人身权益。

四是人民自主本位。自主是法律和法学的重要原则，也应当是教育学、教育法学的重要原则。要强调教育中人的自主性，特别是受教育者的自主学习，教师的自主创新、科研，学校的自主管理、自主权的扩大和落实。在人民自主本位中，既要强调人民的自主，也要强调人民的自律。自律是自主的权利和责任的统一体，是民主和集中、自由和强制、多元和统一、共性和个性中最为重要的方法概念，在教育和法治中，具有特殊的地位和作用。

推进以人民为中心的教育在重视理论作用、逻辑作用的同时，要重视工具理性的作用和具体方法的运用。要在立法、执法、普法、司法、标准制定等方面工作中重视推进以人民为中心的教育，展开和实施全部教育法治政策。

当前，在立法上，要优先制定与人民群众利益相关的教育法律法规，这些法律法规容易取得人大、政协支持，会优先得到通过，而有的项目涉及部门之间的管理关系，因为存在的分歧得不到协调解决，可以暂缓。有的立法项目要提前安排，如学前教育、学生权益、学校安全等。在执法方面，要加强落实有利于保护人民群众权益的项目和工作，要大力推进优质教育资源、学校、教师资源的扩张发展和集团化、连锁化、均等化，着力解决人民群众反映强烈的入学问题和优质资源问题。要尽快显现成效，一口咬到肉。对于人民群众深恶痛绝的乱办学、乱收费、侵犯学生权益的问题，要加大处罚力度，一锥子扎出血。在普法方面，要让受教育者树立权利义务意识和法治观念，促进他们了解宪法、民法、刑法、行政法等基本知识，以此形成对于家庭、社会、政党、国家、世界的完整认知。要建立保护青少年和预防青少年违法犯罪的有效机制。在司法方面，要完善教育救济制度。重视行政复议、行政诉讼工作。完善学生、教师申诉制度，多渠道化解教育纠纷。要重视教育标准的制定和推广。教育标准是教育法治的具体化、规范化、定量化，要形成标准与法律法规的有效衔接。在工作方法上，要做到管理重心前移，避免仅仅因管理自身开展工作。扩大人民受教育权利的实现范围，拓展新的领域，明确公民在终身教育、网络教育、继续教育中的权利义务，使人民能够时时处处受到良好的教育。要通过法治渠道和方法，以人为中心处理好教育内外部关系。

总之，办以人民为中心的、人民满意的教育的要求，体现在人和人民的发展的整个过程和各个方面。在理论上要形成从哲学、政治学、法学到教育学、社会学的体系自洽和逻辑闭环；在实践上要围绕着人和人民的发展展开工作，要以人民的需求为起点，以人民的权利为中心，以办人民满意的教育为终点，解决人民面临的教育困难，使中国教育在理论和实践上开创全新的局面，为教育服务中华民族伟大复兴的时代需要作出新的贡献。

第三章 遵循“以人民为中心”的教育

顾红亮 华东师范大学马克思主义学院院长，哲学系、中国现代思想文化研究所教授，博士生导师

内容提要

建设教育强国，办好人民满意的教育，为实现中华民族伟大复兴的中国梦贡献力量，需要努力做到以下五个“结合”：一、把“让人民满意的教育”和“人民对教育满意”结合起来；二、把“与人民一起满意的教育”和“与人民一起成长的教育”结合起来；三、把“化不满意的教育为满意的教育”和“化满意的教育为更满意的教育”结合起来；四、把“人民满意的教育”和“符合最广大人民根本利益的教育”结合起来；五、把“人民满意的教育”的民族复兴意义和世界意义结合起来。这五个“结合”分别从不同角度诠释了新时代“人民满意的教育”观念的新内涵，归结起来，这充分体现了以人民为中心的思想。因此，“人民满意的教育”本质上是“以人民为中心的教育”。

党的十七大、十八大、十九大报告都提到一个关键词，即“人民满意的教育”。在这三个报告中论述教育的内容里，“人民满意的教育”是一个核心观念。当前，中国特色社会主义进入新时代。在新时代，“人民满意的教育”包含着什么样的新内涵和新思想？在我国社会主要矛盾发生变化的情况下，“人民满意的教育”呈现了什么样的新面貌和新特征？

在理解“人民满意的教育”观念时，需要仔细研读党的十九大报告，结合中国特色社会主义的实践和新时代的阶段性特征，对其内涵作多角度、多层次的挖掘，打开这个观念的宝藏，全面展示其丰富的、辩证的意义。

下面从六个角度说明新时代“人民满意的教育”观念的新内涵。

一、“让人民满意的教育”与“人民对教育满意”的结合

党的十九大报告指出，中国共产党人有初心和使命，就是“为中国人民谋幸福，为中华民族谋复兴”[①]。建设“人民满意的教育”事业是谋幸福和谋复兴事业的组成部分。理解“人民满意的教育”观念，不能离开这个大的背景。

1. 让人民满意

“人民满意的教育”这个观念可以有不同的解读。在一般情况下，“人民满意的教育”被解读为“让人民满意的教育”。“让人民满意的教育”的主体是谁？谁办出“让人民满意的教育”？是政府还是社会？在中国，政府和社会各界都担负相应的责任，大家都有责任办好“让人民满意的教育”。

人民是一个集合概念，可以按照行业、职业、阶层、年龄等分成不同的群体。当我们说“让人民满意的教育”时，这指的是让全体人民满意的教育，还是让某个群体满意的教育？尽管在一定的历史阶段办出让全体人民都满意

---

① 习近平：《决胜全面建成小康社会　夺取新时代中国特色社会主义伟大胜利》，北京：人民出版社，2017年，第1页。

的教育难度很大，但是这不能成为懒政者不作为的借口。政府和社会各界要设法求得满意的最大公约数，求得人民满意的共识，发展让最广大人民满意的教育，推动人民教育事业不断进步。正如党的十九大报告指出："努力让每个孩子都能享有公平而有质量的教育。"①

这就给教育界和社会各界提出任务，即努力办好让"每个孩子"满意的教育。我们不仅不让孩子们辍学或者"没学上"，而且让孩子们享有他们满意的教育；不仅让孩子们"上好学"，而且让他们"好好上学"。

2. 人民的认可

"人民满意的教育"观念除了被解读为"让人民满意的教育"之外，还可以有另外的解读，即把它解读为"人民对教育满意"，或者"人民满意于教育"。在这种解读方式下，主体是人民，人民是主动者，对于当前的教育感到满意。在这种主体意识的驱动下，很多人就会积极参与教育改革，寻找教育领域的短板，寻找教育问题的焦点和难点，群策群力，促进教育现代化。

从价值论的角度看，"人民对教育满意"涉及对教育的正面评价，对教育成就的认可。人民是评价主体，人民的认可和人民的满意是相通的。得到人民认可的教育政策，容易得到人民的满意评价。党的十九大报告在谈到小康社会时，使用了"人民认可"概念："使全面建成小康社会得到人民认可、经得起历史检验。"②用在教育领域，我们可以说，教育强国建设要得到人民的认可，办"人民满意的教育"要得到人民的认可。人民认可的教育，在一定意义上可以理解为"人民满意的教育"。

"让人民满意"和"人民满意于"两种解读方式预设的主体是不同的，人民扮演的角色是有差异的，在"让人民满意的教育"中，人民是被动者，是服务的对象。在"人民满意于教育"中，人民是行动者，是主动的表达者和参与者。

---

① 习近平：《决胜全面建成小康社会　夺取新时代中国特色社会主义伟大胜利》，北京：人民出版社，2017年，第46页。

② 习近平：《决胜全面建成小康社会　夺取新时代中国特色社会主义伟大胜利》，北京：人民出版社，2017年，第28页。

完整地理解“人民满意的教育”的含义，需要把上述两种被动、主动的解读结合起来。“让人民满意的教育”和“人民满意于教育”两者统一于教育强国建设的实践之中，构成“人民满意的教育”观念的内涵之一。

二、“与人民一起满意的教育”与“与人民一起成长的教育”的结合

1. 与人民一起满意

“人民满意的教育”不仅有“让人民满意的教育”这层意思，而且包含这样的意思：即主事者、办教育者也满意的教育。换言之，“人民满意的教育”还可以更宽泛地理解为主事者和人民都满意的教育，即“与人民一起满意的教育”。

办教育者尽心尽力，争取办出“让人民满意的教育”。在有些时候，人民对某个教育政策比较满意了，但是，主事者往往有更高的追求，并不满意于现行的教育政策，力图加以改进，推出更加令人满意的新的教育政策，使得主事者和享受新教育政策的人民都感到满意。这样，创造了“与人民一起满意的教育”。

在有些时候，主事者对现有的教育政策满意了，但是人民不满意，抱怨很多，针对这种情况，主事者必须听取人民群众的意见，改善教育环境，修订教育政策，调整教育战略，创造让人民和主事者都满意的教育条件，办出“与人民一起满意的教育”。

2. 与人民一起成长

满意通常被理解为一种心理状态，这是比较狭义的理解。真正的满意，不仅指心理感觉，而且会诉诸行动，转化为不断追求满意的行动。在追求满意的行动中，行动者自身得到合意的、有质量的成长。合意的成长属于积极向上的行动。从成长的角度看满意，积极的满意体现为主体自身的向上成长。人们在满意的教育环境中，收获新知，获取成长的养分，边受教育边成

长，越受教育越成长。由此观之，“人民满意的教育”可以理解为“与人民一起成长的教育”。

有人曲解“人民满意的教育”的观念，认为这是“让人民满意”的教育，不是“让孩子满意”的教育。“让人民满意的教育”体现了成年人的价值取向，而不是孩子的价值取向。这里存在着用成年人的价值标准来取代孩子的价值标准的危险，是对孩子天性的抹杀。这种解读是对“人民满意的教育”的误读。

“人民满意的教育”的顺利实施，不是用成年人的标准侵蚀孩子的质朴天性，而是说每一个人的成长都可以找到与之相称的教育方式，因材施教，各因其性情之所近而育之。每个人的成长都是在教育与受教育的环境中进行的，成长的足迹是教育发挥作用的过程。

“努力让每个孩子享有受教育的机会，努力让十三亿人民享有更好更公平的教育，获得发展自身、奉献社会、造福人民的能力。”[①]找到合意的教育方式，就像是找到合意的成长方式一样，以一种满意的、愉快的形式实现人的自由而全面发展。这样的教育，不正是“人民满意的教育”吗？不正是“与人民一起成长的教育”吗？这样的教育，“努力让每个人都有人生出彩的机会”。[②]

在发展“与人民一起满意的教育”和“与人民一起成长的教育”中，也包括教师的要素：一方面教师对教育满意，同时，教师与教育共同成长。

2014 年 9 月 9 日，习近平总书记在与北京师范大学师生代表座谈时谈道：“教师重要，就在于教师的工作是塑造灵魂、塑造生命、塑造人的工作。一个人遇到好老师是人生的幸运，一个学校拥有好老师是学校的光荣，一个民族源源不断涌现出一批又一批好老师则是民族的希望。”[③]有了好老师，才

---

① 中央文献研究室：《习近平关于社会主义社会建设论述摘编》，北京：中央文献出版社，2017 年，第 47 页。

② 中央文献研究室：《习近平关于社会主义社会建设论述摘编》，北京：中央文献出版社，2017 年，第 49 页。

③ 习近平：《做党和人民满意的好老师——同北京师范大学师生代表座谈时的讲话》，新华网，2014 年 9 月 9 日。

有可能办出“与人民一起满意的教育”。在这个过程中，老师自身也吐故纳新，从中受益，与学校、与人民、与民族一起成长。2016 年教师节前夕，习近平总书记在考察北京八一学校时，还提出“广大教师要做学生锤炼品格的引路人，做学生学习知识的引路人，做学生创新思维的引路人，做学生奉献祖国的引路人”。[①]

完整地理解“人民满意的教育”的含义，需要把满意的教育和成长的教育结合起来，把教育强国建设和每一个人的健康成长结合起来。“幼有所育、学有所教、劳有所得、病有所医、老有所养、住有所居、弱有所扶。”[②]活到老，学到老，满意到老，为教育强国建设尽责到老。

三、“化不满意的教育为满意的教育”与“化满意的教育为更满意的教育”的结合

人民满意是工作的目标。满意的对立面是不满意，了解人民对教育的不满意，可以帮助我们认识如何办好“让人民满意的教育”。因此，必须正视不满意，不回避不满意。

1. 辩证的满意

满意与不满意的关系是辩证的，是可以转化的。满意是一种平衡状况，是矛盾暂时解决了的状态，是相对的。在通常情况下，不满意是常态，是事物发展过程中多种矛盾和矛盾的多个方面的集中体现。事物的矛盾常常以问题、不足、挑战、不满意等形式呈现。对教育的满意与不满意之间的矛盾推动教育的发展。

在很多时候，一部分人对教育不满意，这是正常的社会现象。我们不必

---

① 中央文献研究室：《习近平关于社会主义社会建设论述摘编》，北京：中央文献出版社，2017 年，第 57 页。

② 习近平：《决胜全面建成小康社会　夺取新时代中国特色社会主义伟大胜利》，北京：人民出版社，2017 年，第 23 页。

害怕不满意。一部分人对教育不满意，说明我们的工作有改进的空间。关键是要了解：他们不满意在什么地方？他们对哪些教育环节、领域、方面不满意？哪些人对哪方面的教育不满意？教育界存在什么样的主要问题？引起一部分人不满意的原因是什么？是人民的期望值提高了？是教育环境、教育条件、教育设施不足？还是教育观念落后、教育方法僵化？有针对性地了解教育的不满意之处，对症下药，容易化不满意为满意，使人民对教育的满意度逐渐增加。

2. 更满意的教育

满意的对立面是不满意，满意的比较级是更满意。从更满意的教育角度切入，可以帮助我们更好地理解“人民满意的教育”的含义。

从过程论的角度看，建设“人民满意的教育”是一个循序渐进的发展过程。这个过程可以用更满意的比较级来形容。也就是说，“人民满意的教育”表现为人民越来越满意的教育，表现为更加满意的教育。发展更加满意的教育，正好能够满足人民日益增长的美好生活的需要。新时代，人们对更好教育的需求在日益增长，如果我们的教育越来越让人民满意，那么，更好教育的需求将得到最大限度的满足。

满意是一个与时俱进的概念。随着时代的进步，满意的内容、满意的方式都在不断完善，不断充实。“人民满意的教育”渐次展开为一个比之前更满意的教育，展开为一个逐渐由不满意到较满意、由较满意到满意、由满意到更满意的发展过程。

四、“人民满意的教育”与“符合最广大人民根本利益的教育”的结合

1. 人民满意的事情

在党的十九大报告中，“满意”概念出现三次，依照出现的顺序分别是：

“建设人民满意的服务型政府”、“办好人民满意的教育”、“从人民群众关心的事情做起，从让人民群众满意的事情做起”。[①]这里出现“人民满意的”、“人民群众满意的”两个词语，它们都是作为形容词来使用，分别用来修饰三个名词，即“政府”、“教育”、“事情”。

把这三句话连起来理解，意味着我们不仅希望有人民满意的政府和教育，而且希望政府和教育界所做的都是人民满意的事情；我们不仅希望服务人民群众的机构和行业是人民满意的，而且这些机构和行业的所作所为也是人民满意的。党的十九大报告把人民满意的要求从教育扩展到政府，从政府扩展到所有事情。这个扩展说明“人民满意”成为一个普遍的价值判断标准。

2. 人民的根本利益

从本质上看，人民满意的标准和人民利益的标准是一致的，“人民满意的教育”和“符合最广大人民根本利益的教育”是一致的，人民满意的事情和符合最广大人民根本利益的事情也是一致的。如果把工作目标区分为低目标和高目标，那么，“人民满意的教育”属于低目标，“符合最广大人民根本利益的教育”属于高目标。

党的十九大报告说：“党的一切工作必须以最广大人民根本利益为最高标准。我们要坚持把人民群众的小事当作自己的大事，从人民群众关心的事情做起，从让人民群众满意的事情做起，带领人民不断创造美好生活！”[②]

这句话提示我们，必须把作为低目标的“人民满意的教育”和作为高目标的“符合最广大人民根本利益的教育”结合起来，结合的路径是，从让人民满意的教育做起，从让人民满意的事情做起，尽力而为，量力而行，不断满足人民日益增长的美好生活需要，实现最广大人民的根本利益。

---

① 习近平：《决胜全面建成小康社会　夺取新时代中国特色社会主义伟大胜利》，北京：人民出版社，2017年，第39、45、50页。

② 习近平：《决胜全面建成小康社会　夺取新时代中国特色社会主义伟大胜利》，北京：人民出版社，2017年，第50页。

五、“人民满意的教育”的民族复兴意义和世界意义的结合

1. 面向民族复兴

办好人民满意的教育，是教育强国事业的组成部分。我们需要在推进民族复兴伟大梦想的基础上，认识教育强国建设、“人民满意的教育”发展的重要意义。

中华民族伟大复兴是近代以来中国人民的伟大梦想。鸦片战争以来，中国的仁人志士以实业救国、教育救国等各种方式追求民族解放与复兴。中国共产党一经成立，就把民族复兴作为自己的历史使命。从新中国成立到改革开放，党领导人民克服艰难困苦，取得了巨大的成就，办成了许多大事。

民族复兴和教育强国建设、“人民满意的教育”的发展有什么关系？党的十九大报告给出了答案：“建设教育强国是中华民族伟大复兴的基础工程。”[①]建设教育强国、发展“人民满意的教育”是基础工程，为民族复兴提供强有力的支撑。教育强，则国家强；教育强，则民族强。“人民满意的教育”不仅为民族复兴造就高质量的人才，而且为民族复兴生产创新思想和技术，既为民族复兴注入新鲜活力，也为民族复兴奠定发展潜力。

五年来，中国的教育事业取得全面发展，中西部和农村教育明显加强，人民对教育获得感、满意度不断增强。用陈宝生部长的话来概括：“中国教育个子大了，骨架壮了，颜值高了，排位靠前了。”[②]尽管如此，党的十九大报告仍然指出，群众在就业、教育等方面面临不少难题。在教育领域，仍然存在不满意现象，存在不平衡不充分的发展状况，这是一方面。

---

① 习近平：《决胜全面建成小康社会　夺取新时代中国特色社会主义伟大胜利》，北京：人民出版社，2017年，第45页。

② 《陈宝生：坚持改革发展，送上教育惠民“红包”》，中国教育新闻网，2017年10月22日。

另一方面，随着人民生活水平的显著提高，人民群众对于教育有很高的期待。人民对美好生活的向往包括期盼有更满意的教育、更丰富的精神文化生活。用陈宝生部长的话来说："过去人们是想上学，现在人们想上好学。"[①]也就是说，人们的教育需求和教育满意值发生了一个注重质量的转型。

满足这些需要，就要把教育事业放在优先位置，深化教育改革，加快教育现代化的步伐。当前，需要抓住"双一流"建设等契机，主动回应人民群众对教育的新期待，扎根中国大地，办好"人民满意的教育"。

加快发展"人民满意的教育"和建设教育强国，将有力地推动民族复兴的进程。因此，必须从民族复兴的高度来深刻认识"人民满意的教育"发展的意义。

2. 承担国际责任

随着民族复兴事业的大力推进，中国日益走近世界舞台的中央。"人民满意的教育"为不断走近世界舞台中央的中国做好人才储备了吗？"人民满意的教育"的发展和教育强国建设，不仅有民族复兴的意义，而且有世界发展的意义。

"人民满意的教育"培养的人才不仅要具有本土意识，而且要具有世界眼光，为中国努力推进人类命运共同体建设、全球治理体系建设贡献力量。现在中国已经成为世界第三、亚洲最大的留学目的国。到 2049 年，用陈宝生部长的话来说："中国将成为世界各国人民最向往的留学目的国"，"中国教育将稳稳地立于世界教育的中心，引领世界教育发展的潮流"。[②]

在这样的国际化背景下，"人民满意的教育"有一个世界的维度，也就是说，中国教育任重道远，既要培养担当民族复兴大任的时代新人，又要培养维护世界和平发展的积极力量，培养愿意为人类进步事业而奋斗的国际化人才。

---

① 《陈宝生：坚持改革发展，送上教育惠民"红包"》，中国教育新闻网，2017 年 10 月 22 日。
② 《十九大新闻中心第五场记者招待会文字实录》，新华网，2017 年 10 月 22 日。

六、“人民满意的教育”本质上是“以人民为中心的教育”

中国特色社会主义进入新时代，进入新的历史方位，理应对“人民满意的教育”作出新的理解，把握其新内涵，从而更好地为中国教育实践提供思想指导和精神指引。

对于教育工作者和社会各界来说，建设教育强国，为实现中华民族伟大复兴的中国梦贡献力量，需要增强本领，脚踏实地，团结一心，努力做到以下五个“结合”：把“让人民满意的教育”和“人民对教育满意”结合起来，把“与人民一起满意的教育”和“与人民一起成长的教育”结合起来，把“化不满意的教育为满意的教育”和“化满意的教育为更满意的教育”结合起来，把“人民满意的教育”和“符合最广大人民根本利益的教育”结合起来，把“人民满意的教育”的民族复兴意义和世界意义结合起来。

上述五个“结合”分别从不同角度诠释了“人民满意的教育”观念的新内涵，归结起来，这充分体现了以人民为中心的思想。换言之，“人民满意的教育”本质上是“以人民为中心的教育”，而不是以满意为中心的教育。要做到以人民为中心，“必须坚持人民主体地位，坚持立党为公、执政为民，践行全心全意为人民服务的根本宗旨，把党的群众路线贯彻到治国理政全部活动之中，把人民对美好生活的向往作为奋斗目标，依靠人民创造历史伟业”。[①]

要发展以人民为中心的教育，必须坚持人民的主体地位，顺应人民对美好教育的向往，依靠人民的力量和智慧。办好人民满意的教育，教育发展的成果由人民共享。

“以人民为中心”是新时代坚持和发展中国特色社会主义的十四条基本方略之一。这一重要思想“不是一个抽象的、玄奥的概念，不能只停留在口头上、止步于思想环节”，而要贯彻在各个领域和各个环节。例如，在发展领

---

① 习近平：《决胜全面建成小康社会　夺取新时代中国特色社会主义伟大胜利》，北京：人民出版社，2017年，第21页。

域，必须坚持以人民为中心的发展思想；在文艺领域，必须坚持以人民为中心的创作导向；在哲学社会科学领域，必须坚持以人民为中心的研究导向。以人民为中心，说到底，是要坚持符合最广大人民根本利益的工作标准，坚持全心全意为人民服务的宗旨。“一个政党，一个政权，其前途命运取决于人心向背。人民群众反对什么、痛恨什么，我们就要坚决防范和纠正什么。”[1]把以人民为中心的思想贯彻到教育领域，自然得出以人民为中心的教育思想。以人民为中心的教育思想是对“人民满意的教育”观念的理论提升，体现“人民满意的教育”的本质内涵。

“重视教育就是重视未来，重视教育才能赢得未来。”[2]走进新时代，坚定教育自信，展望新教育和新未来，不断发展“人民满意的教育”，推动实现中华民族的伟大复兴。

① 习近平：《决胜全面建成小康社会　夺取新时代中国特色社会主义伟大胜利》，北京：人民出版社，2017 年，第 61 页。

② 中央文献研究室：《习近平关于社会主义社会建设论述摘编》，北京：中央文献出版社，2017 年，第 61 页。

第四章
人唯有通过教育才能成为人

孙　亮　华东师范大学中国现代思想文化研究所研究员，
哲学系博士生导师
研究方向：马克思哲学、德国哲学

内容提要

办人民满意的教育至少包含两个方面，一方面让教育真正回到其“初心”上来，辩证地处理“使人成为人”与“使人成为某种人”之间的关系，要真正认识到对资本亦步亦趋的教育不是对人的重视，而是对资本的重视。由此，我们需要对教育现状给予反思，真正地切近人民满意教育的实质。另一方面，办人民满意的教育，就是要解决不平衡不充分发展的现状，以促使优质教育资源的“部分所有”转为“共同享有”，只有新型“共享”理念才能真正让教育发展的成果惠及全体人民，让人民真正满意。

十九大报告指出，我国社会主要矛盾已经转化为人民日益增长的美好生活需要和不平衡不充分的发展之间的矛盾。这一矛盾的揭示对于社会各个领域、层面的工作来讲，具有方法论的指导意义。依此推论，其在教育领域的表现则为人民对美好教育的需要和不平衡不充分发展的教育现状之间的矛盾。

办人民满意的教育至少包含两个方面，一方面真正理解教育的目的是使人成为人，要注重使人成为某种人，试图摆脱资本宰制而单纯地追求成为某种人的理念，这一理念正如习近平总书记的表述，“教育是为人民服务、为中国特色社会主义服务、为改革开放和社会主义现代化建设服务的，党和人民需要培养的是社会主义事业建设者和接班人”。另一方面，办人民满意的教育，就是要解决不平衡不充分发展的现状，以促使优质教育资源的“部分所有”转为“共同享有”，只有新型“共享”理念才能真正让教育发展的成果惠及全体人民，让人民真正满意。

一、教育理念的辩证

我们知道，教育不是一个自治的领域，它只是社会有机体的一个组成部分，离开对社会自身的分析，单纯就教育领域来分析教育的困境显然是不恰当的。因而，社会本身的变化对教育的影响是我们思考何为人民向往的美好教育这一问题的语境。

1. 人力资本与教育

在今天，随着中国特色社会主义市场经济的深入发展，它的一个重要的特点是资本在社会生产力发展中占据了显著的位置，人力资本也同时成为一个核心的观念。于是，社会对人力资本的要求使得人们对教育的理解就是如何使自己所接受的教育能够更快、更容易地获取社会的“承认”。人才市场引领的人们对教育的理解，也仿佛变成了人民对教育的迫切需要，进而，促成整个社会中的人们对于教育的理解便是，好的教育就是能够使人成为“社会需要”的某种技能性人才。

如果从受教育主体来看，他们在受教育过程中所花费的具体劳动，是否被兑现为“抽象劳动”，反过来成为具体劳动是否值得的标准。我们常常感慨这样一种现象，诸如哲学学科备受冷落，而广为热捧的专业就是最容易将人们的劳动兑换为社会需要的专业。这种法则就是商品交换的规则。但是，人是如何变为商品的？在教育活动中，人是如何时刻地“盯着”社会人力资本中最有优势的专业，从而引发功利主义的？

按照马克思的看法，私有制的分工使得人们被限制于某种特定的社会劳动形式。“工场手工业分工的时期，就是劳动过程的智力作为他人的财产和统治工人的力量同工人相对立。这个分离过程在协作中开始，在工场手工业中得到发展，在大工业中完成。”随着进一步的发展，在劳动过程中的劳动者自我意志只表现为受雇于资本所有者的意志，劳动变成了只是服从于自我意志之外的某种“规定”，这个规定表面上看服从于资本家，而实质是服从于资本。这样一来，人们的劳动是一个与自我意志逐渐分离的过程，这是一个不断抽空劳动者意志的过程。到了机器化大生产时期，不仅自我意志被抽空，甚至连劳动的内容一并被抽空了。诸如，一般智能表现形式的机器没有使人摆脱劳动，而是使人依附于机器的劳动，使得劳动越来越抽象，甚至劳动不过就是一个按键，按键这一过程完成了背后复杂的劳动。这样，劳动的内容完全被抽空，我们甚至已经丧失了真正具体劳动的能力。

西方激进左翼思想家斯蒂格勒就曾认为，在智能化发展过程中，“代具”越发达，人类自身相应的被替代的能力越萎缩，说得再简单点，文字的发明便是记忆能力的衰弱。

当教育面对市场的“人力资本”时，人们对于教育的理解便发生了根本性的变化，人们已经忘却了教育的“初心”——教育不是要使人成为某种特定生产环节中的一个人，而是要成为人本身。但是，人们却将当下这种“人力资本”看作是人应该追寻的取向，这是“教育拜物教”。它的流行使我们看到一种错误的观念，即将教育的成功变成了追求就业的途径，好的就业就是好的教育。

康德曾经说过，把孩子教育更好的愿望实质上遭遇到两个障碍：一个是父母通常只关心自己的孩子在世界上生活得好一点，另一个是国家却把自己的公民看作是实现自己政治需要的对象。应该说，康德认为这两点都是有问题的，他认为父母关心的是小家，国家关心的是大家，却都没有进入到世界主义的视角，这是另外一个话题我们不去讨论。我们只在广义的层面来看，父母与国家在对待教育的差异上显然就是一个悖论。因而，当我们在讨论何谓美好教育的时候，有没有一个好的契合点呢？

依据康德的方案，只有教育“以世界福祉和人性被规定要达到且也有相应禀赋的那种完善性为最终目的”。而康德在这里最为担忧的其实不过是人性是否达到完善性，这一点他以时代加以区分。在其看来，我们已经生活在一个训诫、培养和文明化的时代。这一判断与我们在上文所论及的工业化时代——人成为人力资本术语指称的时代是一致的。

关于这一点，黑格尔在《法哲学》中的“教化”、马克思在《资本论》中的“纪律”，乃至后来福柯在《规训与惩罚》中的“规训”，都一一论及了这个训诫与文明化的时代下人被塑造为某种人的批评。不过，有一点可以肯定，这些哲学家共有的想法是，按照资本增值对人之为某种人的规训，它不是使人更接近人，而是使人更接近物。

按照康德的说法就是，“就人们现在的状态而言，可以说国家的幸运是与人们的不幸同时增长的”。当然，这句话只是说，将人训诫为某种技能的人，在其对于国家发展中的人力资本的意义上讲，是整个国家的幸运，但是作为个人来讲，离人的距离还很遥远，这与马克思所谓的“人类史尚未展开”的意思是遥相呼应的。

显然，按照市场亦步亦趋的教育理念是与人之教育渐行渐远的，只有在人们变得道德和睿智上，增进人之为人的教育理念才能够真正回到教育的本位，才能够真正解决国家与人民之间对于教育始终存在的悖论。

对于整个国家来讲，在全球化的语境下，需要转变对原先资本全球化的一元性的理解，否则，仿佛整个人类社会进步只能是资本推动下的全球化。习总书记提出的“人类命运共同体”改写了这种一元叙事的模式，为人类新型文明奠定了理论基石。

2. 劳动力与教育

不过，要深入对马克思曾经分析的生产力推进的另外一个侧面给予分析，这就是劳动的生产力。实质上，就资本主义的特质去分析，作为其推动力的生产力发展的根本要件便是资本，因而“资本的生产力”成为生产力的根本了解方式。但是，人们会误以为特殊时代的症候是人类社会的一般样态，正是这种错认的原因导致人们认为资本的生产力是人类一切社会的根本动力。

对此，马克思已经作过警告性地提示，“协作这种社会劳动、社会生产力，表现为资本的生产力，而不是表现为劳动的生产力”。这一判断在今天的学术界还没有被重视，甚至连一篇讨论的文献都没有。不过，倡导要压制资本的力量，重新开掘劳动协作的生产力，显然可以看作是对马克思这一思想的承接。

我们需要认识到，如西方学者作出的解释，“生产力”的传统解释的困难之处在于，“生产力”被看作是一种独立于社会关系的动态的外部力量（技术发展的力量）。但是，这与以人自身为中心的观点，或者说与我们当下所说的以人民为中心的观点是有距离的。

原因在于，第一，人类才是社会创造性的真正力量，而不是资本，资本也仅仅是人类创造的结果。第二，我们的创造力不是脱离社会背景而独立发展的，而是在当下资本独立为人与生存处境之间对抗和超越的关系中加以发展的。由此，这一转换是要提示人们注意“人自身的创造力量、行为的力量、我们能够如何存在的力量”，显然，我们的行动力量与我们自己分离了，表现为某种异化，表现为资本的力量。

所以，教育就是重新对人本身的重视，对资本亦步亦趋的教育不是对人的重视，而是对资本的重视，我们需要将教育重新摆正姿态，才能真正使得人们在教育现状中重新理解教育，才能够真正地切近人民满意的教育的实质。

3. 教育的应有之义

有了上述观念的转变，我们再来看当下人民满意的教育，就有了一个更为合理的社会视角。这一视角从国家的角度看，在发展中国特色社会主义市场经济运行中，亟待加强"专业技能"人力资本的提升。这是发展市场经济的必然，缘由正在于我们上文分析的那样，教育被看作是市场经济建设中主体资源的生产，生产的目的是要适应市场经济建设的需要。

市场经济毕竟只是中国特色社会主义的一个阶段，它是走向未来美好社会的铺路石，而绝不是目的，更不是终点。我们要以超越市场经济的姿态来对待市场、资本，从而严肃地对待教育使人成为人的话题。

这就需要以一种立足现实又超越现实的姿态来处理教育的目的是"使人成为人"与"使人成为某种人"之间的矛盾，从而才能够谈美好教育。

客观地讲，任何漠视"使人成为人"与"使人成为某种人"的矛盾而简单地突出其中之一者，都是对教育功能的一种误读。"使人成为人"与"使人成为某种人"其实并不矛盾。

作为教育这一主体的"两翼"，前者是从一种教育的终极价值上说的，教育就应该使人成为一个健全的人，一个有文化、有道德的具有真正意义社会属性的人；后者是从现实的人的时代需要上来讲的，它的目的是使人能够成为一种专业性的人才，拥有一定技能、专业储备、生存技巧。像"反驳就业至上"的观点所理解的那样，"使人成为某种人"不能作为教育的一种理念，而应该高呼"使人成为人"，似乎职业教育就是一种对教育的丑化。其实，这种观点既没有注意到受教育主体的多层次性，也没有注意到全国各级各类院校的教育对人才培养的规划定位。

从教育理念上讲，真正"使人成为人"只有寓于"使人成为某种人"的教育之中才是有效的，否则"使人成为人"不过是一句毫无意义的空话。当然，如果将教育的理念仅仅定位为“使人成为某种人”，而淡忘“使人成为人”这一终极性价值诉求的话，将会造成如对“就业至上论”所批评的那样：“这种功利性极强的实用主义办学理念，在短期内或许给学校带来一定利益，但从长远看，它会动摇办学基础，使学校丧失发展后劲，由此培养出来的学生也会因为在知识、能力和素质方面的先天不足，难以成为真正的栋梁之才。”

马克思曾表达的未来社会，将是一个“以每个人自由全面发展为特征”的社会，这里的全面发展已更加深刻地指明了“使人成为某种人”的重要性。只有真正在“使人成为某种人”的过程中贯穿始终地秉持“使人成为人”，才能克服这一教育理念的缺憾。教育的正确理念应当是，“使人成为人”与“使人成为某种人”的有机统一。而这一理念的更新，将引发教育模式的创新，从而在根本上改变“就业至上”的观念，同时也克服“使人成为人”这一理念的“空泛性”。

新时期的教育模式应该在教育理念、社会需求以及学生自身发展需要的三者中产生，以下方面值得探索：诸如人文通识教育与专业教育相结合，让教育理念在课堂中得以有效发挥；理论教学与实践教学相结合，让教育理念在实践中得以切实提升；时代道德观念教育与专业设置相结合，让道德观念在时代的需要下得以及时更新。

二、教育资源的“共享”

要使人民对教育满意，除了对教育理念“使人成为人”的重新定位之外，在现实的教育生活中，更为关键的是解决教育权利、教育机会、教育资源分配、弱势群体的教育等一系列问题，这些问题不仅是教育自身的问题，更是整个社会在新时代面对的现实问题。

客观地说，在中国发展进程中，在改革成果共享上产生的诸多社会不平衡不充分的现象还有很大的文章要做。区域之间的差异、同一区域不同家庭之间的差异，特别是制度设计偏颇造成的教育不公平，以及现在教育领域频频出现的“教育不安全”，家长的不放心，教育的阶层化等都是人民对教育不满意的原因，从根本上讲是优质教育资源的部分所有与全民共享之间的矛盾。处理好这一问题，需要以一种正确的正义理念为保证，在这一方面，需要首先明确，中国人的处理方式与人类历史上已有的处理方式有很大的不同，这是一种人类新型文明形态的展开。我们可以依据中国人走出的正义道路理解中国教育的不平衡不充分的现状。

让我们先回顾西方学术界对未来道路探索的讨论，从中我们可以汲取处理教育正义的相关经验。

中国社会处理正义问题是走和“自由主义与社会主义相结合寻求正义”不同的道路。在私有财产权框架之内消除相应的社会不平等，这是自由主义正义的基本理念。如果说原先仅需要指明自由主义的正义观念只是讲政治权利、机会的平等，而无视人的真实的经济生活，便可以有效地达到批判效果的话，那么，这样的方式对于今天诸如德沃金、托马斯·内格尔、托马斯·伯格以及罗尔斯等人的理论便不再那么奏效。社会主义与自由主义在他们的理论中，那种显著的差异慢慢被融合了，罗尔斯倡导物质不平等与权利不平等的相容，德沃金的自由主义的资源平等与社会主义的各种补偿正义之间似乎都不再有什么深刻的差异。[①]

而像约翰·罗默、科恩也都尝试着将自由主义与马克思主义融合在一起。在约翰·罗默看来，“社会主义者已经形成了对公有制的崇拜”，实质上，他们应该关心的是，“生产资料中什么类型的财产权会带来不平等”以及“这些财产权能造成一个最能促进每个人机会平等的社会”。科恩则认为，“马克思主义者对资本主义的批判”已经“不自觉地运用了自我所有权”。很明显，在科恩看来，马克思主义理论中的正义观念，在解决社会不平等时也只能是基于私有财产权论证最为核心的基础“自我所有权”，与自由主义共享着同一原则。

这些理论的出现与西方学者对马克思主义以及社会主义道路误判有

① ［加］威尔·金里卡：《当代政治哲学》，刘莘译，上海：上海三联书店，2004年，第301—302页。

关，他们认为，马克思所设想的人类对私有财产权的瓦解已经完全失效了，现在要做的就只能是恢复社会主义的实质，即一个私有财产权框架之内的“正义”社会。在这个意义上，正像卡洛·罗塞利认为的那样，“社会主义运动是自由主义的真实继承人”，当然，它们之间也绝不是“彼此对立”的，“而是内在地联系在一起，自由主义是理想的鼓舞力量，社会主义是实践的实现力量”。[①] 这样的道路选择只是看到马克思“后正义观”中“低位阶”的按照贡献原则(劳动)，遗忘了私有财产权瓦解能够达至的“高位阶”的“按需分配”，从而遮蔽了两条道路之间的界线。

1. 与市场正义原则不同

中国所走的是一条与“市场正义”所论的“放弃公有制才能使社会主义获得成功”的不同道路。就理论形态来讲，哈耶克无疑是这种“市场正义”的代表人物。在《致命的自负》一书中他认为，今天“除了让产品在竞争性市场中进行分配之外，尚不知有什么其他方法能够告诉个人，他们该为各自的努力确定什么方向，才能为总产量做出最大限度的贡献”。哈耶克坚持认为，“通过遵守决定着竞争性市场秩序的、自发产生的道德传统(大多数社会主义者所服膺的理性主义教条或与规范不相符的传统)，我们所生产并积累起来的知识与财富，要大于那些自称严格遵守‘理性’办事的人所鼓吹的中央指令经济所能得到或利用的数量”。[②] 他赞成从自发秩序出发来理解社会，在其中人们的行为是自由选择的，当然后果应当自负。这样一来，“对于一个由自由人组成的社会来说，‘社会正义’这个说法其实是毫无意义可言的”。“正义是人之行为的一种属性。”人们总是意图谈论分配正义，那是因为他们怀有一种“拟人化方式”，将社会看作是人为的缘故。

在哈耶克看来，试图用政府的强制性的权力去实现“社会正义”只能摧

① [意] 卡洛·罗塞利：《自由社会主义》，陈高华译，长春：吉林出版集团有限责任公司，2008 年，第 201 页。

② [英] 哈耶克：《致命的自负》，冯克利、胡晋华译，北京：中国社会科学出版社，2000 年，第 2 页。

毁个人的自由而已，或者说是对利益集团的一种保护，或者产生出一种新的特权，这俨然已经构成对人类文明的阻碍。但是，哈耶克认为，决不应该构成我们把“正义”这个婴儿与那些洗澡水一起倒掉。这里的洗澡水就是“社会正义”、“分配正义”等。这显然与马克思对待正义的看法相悖。

在马克思看来，分配正义（按照贡献、劳动原则分配）与私有财产权确实存在着矛盾的方面，进行分配的“公共物品”在一个私有财产权的社会是如何可能的，这始终是困扰着人们的一个难题，除非要侵犯优越者。而按照马克思正义观念的张力理解，按照贡献原则（劳动）进行分配本身又是与私有财产权一致的，并且成为私有财产权的一个根据。马克思并不像哈耶克那样，认为分配正义是商品经济的敌人，而是认为商品经济恰好“不可避免”地需要分配正义来进行补救。

2. 与第三条道路不同

与上述对应，中国所走的也是一条与吉登斯所论的“第三条道路”——寻求正义社会不同的道路。按照托尼·布莱尔对“第三条道路”的界定，这是一条“通向现代社会民主主义的复兴和成功之路”，面临的是“全球市场、持续的贫穷和社会排斥、上升的犯罪率、家庭的崩溃”等诸多问题。“第三条道路”选择的是“超越沉迷于国家控制、高税收和生产者利益的老左派，又超越倡导狭隘的个人主义的新自由放任以及笃信自由市场是万能良药信念的新右派”。

按照吉登斯的看法，“第三条道路”是今天追求社会正义和团结的唯一有效的手段。因为，在他看来，“市场并不总是加剧不平等，有时也可以是克服不平等的手段”。对于政府而言，“积极的政府需要促进平等主义的政策”，在这种情况下，“国家也能制造不平等”。这在所难免，即使最发达的福利国家也会制造道德公害、官僚主义、利益集团化等。[①]

① ［英］安东尼·吉登斯：《第三条道路及其批评》，孙相东译，北京：中央党校出版社，2002年，第29、33页。

对于吉登斯来讲，他认为，之所以"第三条道路"中有左派的因素，也是因为"左派确实主要是一个价值问题，从对市场的敌意来界定左派将不再有效"。所以，"第三条道路"应付的只是"有关生活政治（life politics）的，而不是左派的'解放政治'"。虽然这条道路在福利改革方面做了很多修正，并积极倡导用福利社会来取代福利国家，但是，由于全球化与资本主义私有财产权被当作一个既定的叙事背景，收入、财富、权力的不平等也就不可能有实质的改变。也就是说，"再分配，这个左派一直以来的主要目标之一好像被抛弃了"。而它又试图超越国家控制，"没有国家来矫正市场造就的不平等，追求更大的平等决非可能"。[①]

三、教育均衡的正义理念

从马克思的正义观念来讲，在共产主义社会的第一阶段依据贡献的原则"分配正义"虽然必要，但是也要时刻注意其基础与资本主义生产关系对分配正义处理有着原则的不同，后者则主要表现在一些福利国家，或者总体来讲是西方坚守的"第三条道路"。我们在理解教育均衡正义的时候，必须注意到中国的教育均衡问题一定是建立在社会主义生产关系基础之上的，两者明显相异；"人的全面发展"的"自我实现"作为马克思的"高位阶"的分配正义，显然也超越了"第三条道路"念念不忘的"贡献原则"的分配正义，即一种"应得正义"。我们对自由主义、市场、第三条道路等西方处理发展差距之间的正义问题分析之后，便能够真正理解中国的教育发展不平衡不充分的破解原则，即坚持社会主义的正义原则是根本理念。

由上可知，办人民满意的教育必须首先确立社会主义教育均衡的正义理念，大致来讲，我们可以从以下几个方面分析这一理念。

---

① ［英］安东尼·吉登斯：《第三条道路及其批评》，孙相东译，北京：中央党校出版社，2002年，第24—25页。

1. 资本不能绑架教育

完全依据市场的原则，以资本来撬动的教育不是人民满意的教育。资本的本质是追求增值，当资本介入教育时，教育只不过是一个手段、载体，它不考虑最终指向。人民满意的教育能真正推进社会良性运行与协调发展，能够发挥社会流动的有效润滑剂作用。一个社会能否有一个健康有序的社会流动机制对于社会稳定是极其重要的。社会流动是指社会成员从某一种社会地位转移到另一种社会地位的现象。在一个既定的社会阶层结构里，如果转移流动的方向是由较低社会地位流动到较高社会地位，可称为上升流动，反之，则称为下降流动。如果在一个社会中，这种流动的通畅性处于一种“梗阻”的状态，特别是教育领域如果出现“弱势群体”不能享用优质教育资源，只能在较差的层面完成教育的发展趋向，那么这个社会的教育就出现了严重问题，它不仅使人民不满意，更严重的是要注意资本对教育的绑架。

实现社会正义的基础就在于教育，教育是人进入社会，完成自身事业的一个“预备阶段”，也是排除人们由于“社会乐透”(因出生产生的运气)而造成差异的最为可能的途径。人人都有通过教育改变自己人生的权利。但是，如果在资本绑架的教育环境下，一切都以办教育谋求资本逻辑增值，那么，人们因家庭、地区等状况，而无法接受优质教育资源成了常态，整个社会的流动性、阶层的固化等便愈加严重。毋庸讳言，当收入分配不公、贫富差距悬殊表现为教育领域的不公的时候，整个社会中的人们会表现出不满，因为教育涉及千家万户，所以只有十分重视“教育领域的公正”，才能够进一步办好人民满意的教育。

2. 教育竞争不以利益推动

教育领域的竞争不能单纯以利益的原则来推动，而应该更多地由政府关注社会普遍对优质资源的需要，推动优质教育资源均衡覆盖。

这可以借助现在“共享”的新思想原则加以深化。优质教育资源的共享，实质上就是今天西方学术界日益关注的非物质劳动生产的问题，之所以被高度重视，是因为它能够给人们提供摆脱物的稀缺性的逻辑，这也是当前破解优质资源稀缺问题的一条有益的探索途径。

这种逻辑的一个具体的例子是，在信息网络的知识生产过程中，不仅不会减少知识，反而会不断推动知识的衍生。这与经济自由所主张的私有财产是自由场所的标准叙事完全不同。

西方学者哈特与奈格里对这一方面有过如下理解，共同性成为自由和创新的核心场所——自由使用、自由表达和自由交往，这与私人控制相反，他们进而将私有财产设定为“共同性的失灵”。

因而，非物质劳动具有这样一些特征：“不需要通过摧毁或者消耗原材料去创造财富”、“产品不具有排他性”。例如，“当我与你分享一个观念或图像的时候，我思想的能力并没有弱化；相反，我们关于观念和图像的交流增强了我的能力。感受的生产、交流的网络以及协作模式直接就具有社会性，并为整个社会所共享”。

由此，在非物质劳动的生产中，争取共同性是人们对现有生产关系的私有制框架下所产生的分配不公的抵抗。也就是说，生命政治劳动力要从现有的资本关系中“出走”，现有的资本关系框架恰恰是私有的，是遮蔽了共同性的建构机制。“出走”让他们重新建构出新的社会关系或者说新的生命形式，这与工业资本主义时代“工资关系是因为必要劳动而引起的阶级冲突的首要领域”完全不同了。

以往的资本主义积累更多的是在劳动生产过程之外的，如剥夺性的资本积累就是通过剥夺共同性的形式加以完成的，即将公共财富和社会共同占有的财富转化为私有的财产，这便是对“共同性”的消除。因而，办人民满意的教育就是需要改变资本的剥夺性积累方式，转而以相互增强的方式拓展与提升教育资源的共同性。

3. 教育共享不能只停留于硬件层面

在国务院印发的《关于统筹推进县域内城乡义务教育一体化改革发展

的若干意见》中已经指明，义务教育是教育工作的重中之重，是国家必须保障的公益性事业，是必须优先发展的基本公共事业，是脱贫攻坚的基础性事业……在许多地方，城乡二元结构矛盾仍然突出，乡村优质教育资源紧缺，教育质量亟待提高；城镇教育资源配置不适应新型城镇化发展等。应该说，近些年来，基本的教育均衡化有了进一步的改善，但是在优质教育资源的均衡方面，还有很大的空间。这就需要主管部门不能仅从教育的硬件建设上来理解教育的均衡化，更应该推进到教育均衡内涵的“共享”上，包括教育师资的共享、教学课程的共享、教学理念的共享、教学手段的共享等。让学生真正感受到虽然在不同的学校，但是，享受到的照样是优质的教育资源，以化解部分学校“一位难求”的现象。这就需要建立优质教育资源均衡的共享指标体系，诸如在入学机会保障、投入保障、教师队伍保障以及缓解热点难点问题等方面细化指标，进行评估，并强化监督体系，真正提升城乡、区域之间一体化发展的成效。

依上述可见，一方面，办人民满意的教育就是要实现教育的充分发展，但如今的教育在表现为如何“使人成为人”的高位阶的视角下，还亦步亦趋跟随市场。另一方面，办人民满意的教育就是要实现教育的平衡发展，只是现实离教育领域中资源，特别是优质资源的“共享”还有一定的距离。所以，办人民满意的教育能否真正落到实处，关键就在于能否在“不充分”、“不平衡”这两点上做出新的文章。只有办好人民满意的教育，才能切实增强当下人民对社会主义改革与建设成果的获得感，从而为实现中华民族伟大复兴的中国梦提供源源不断的智慧支持，承担起教育在中国特色社会主义新时代的历史使命。

第五章
用数据证明人民满意的教育[①]

李　艳　华东师范大学统计学院副教授，统计学博士
研究方向：应用统计

内容提要

结合当前统计学方法的进展，探讨如何将统计学方法应用于分析研究人民满意的教育。主要包括五个方面：1. 借助因子分析等方法设置指标和计算权重，以立体的指标体系解读人民满意的教育之内涵；2. 通过顾客满意度指数模型、多层线性模型和数据挖掘/机器学习等方法，分析人民满意的教育之影响因素；3. 采用聚类分析、函数型数据分析和亚组分析等方法将群体归类，以实现人民满意的教育之个性化要求；4. 采用控制图方法，实时监控人民满意的教育之动态变化特征；5. 通过科学的抽样设计获取高质量的数据，以恰当地诠释人民满意的教育。

① 特别致谢华东师范大学王静龙教授对本章写作的帮助和支持！

统计学以数据为载体，研究各种现象的数量规律，其中就包括教育现象。什么是人民满意的教育？当前，人民对教育的满意情况究竟是怎样的？哪些因素影响了民众对教育的满意程度，怎样影响的？如何改善民众对教育的满意情况？

本章将尝试提供一些统计学视角的思考，探讨如何借助统计学工具来（局部性地）回答这些问题。需要强调的是，作者是统计学出身，不敢妄谈教育，所述观点难免有失偏颇，仅供参考。

一、指标体系呈现人民满意的教育是立体性的

什么是人民满意的教育？我们首先需要量化评估“满意”二字，即评估民众对教育（可以是当前的教育，也可以是某种可能的教育改革方案）的满意情况。由于教育的内涵十分丰富，为避免使用单一指标所带来的片面性，可以采用一套指标体系，立体、多维度、有层次地予以评估。

在时间维度上，可通过对各阶段教育（学前教育、初等教育、中等教育和高等教育）的满意情况来反映；在空间维度上，可通过对各区域（如可划分为东中西部地区，也可划分为城市、县镇、农村等）的教育满意情况来反映；在内容维度上，可通过对教育各个方面（如教育顶层设计与政策、教育质量、教育资源、教育环境等）的满意情况来反映。通过这些维度的单一作用或综合作用，可立体地反映民众对教育的满意情况。当然，这套指标体系的设计需要教育学等学科的专家参与，超越了统计学范畴，这里只是抛砖引玉。

如果专家们无法意见一致地给出反映人民对教育满意情况的指标体系，可借助统计学中的因子分析（Factor Analysis）方法对指标体系作尝试性的探索。因子分析方法在教育学中最常见的应用是项目反应理论，其主要思想是从考试成绩中提炼出被试者的能力以及题目难度等因子信息。这里具体如何应用因子分析方法，要依赖于我们所掌握的数据和信息。举个例子，我们可假定民众对教育的满意情况是潜在因子，它们很大程度上决定

了个人对教育现象所持的观点和态度，因此可以由观点和态度这些表象来推断满意情况。

每个潜在因子反映了某种特征、某个维度的满意情况，将这些潜在因子合起来就成为综合反映人民对教育满意情况的指标体系（或者是部分的指标体系）。结合这种分析思路，我们可以采取一些便利的数据收集方式，即借助我们周围现有的数据。例如，民众在社交媒体中发布的一些对教育现象所持的观点和态度，这些信息虽然不是关于民众对教育满意情况的直接测量，但可能间接反映了满意情况，因此可以通过因子分析方法将信息提炼后予以呈现。采用网络爬虫[①]方式就可以轻松实现社交媒体中观点和态度的采集，因而不需要专门组织开展问卷调查等工作就能获取所需的数据。

当然，由于数据信息有限，这样的分析可能并不完备，但作为对指标体系探索性的分析仍然是有益的。如果经过专家论证，这样获得的指标体系能够发挥一定的作用，可以被采纳，那么这套指标体系就可以长期运用，也即在低成本的数据收集方式下可较为频繁地获得指标值，从而较为实时地评估民众对教育的满意情况。

当人民对教育满意情况的指标体系的结构已经建立时，那么还需要确定各指标、各维度的权重。如何确定权重，这依赖于我们对指标体系的功能定位：(1) 若更加注重指标体系反映民意，那么可由民众来决定权重，这样可以更充分地体现民意。(2) 若更加注重指标体系的专业性和权威性，那么可由专家基于专业知识和经验合理地确定权重，可使权重较为符合指标的重要程度。这两种处理方式都属于主观赋权法，需要专门开展关于权重的调查工作，然后采用层次分析等方法获得各指标的权重。但是，主观赋权法具有较强的主观随意性，并且当民众或专家缺乏经验时就变得不可行。(3) 若更加注重比较不同群体（如不同地区）在指标体系上的差异性，可以考虑使用客观赋权法。

---

① 关于网络爬虫的法律法规尚不完善，网络爬虫的适用条件还具有争议。这里暂不考虑网络爬虫涉及的这些问题。

客观赋权法包含许多方法，主要有主成分分析法、熵值法、变异系数法等。客观赋权法的基本思想是：指标权重应当是各指标变异程度和对其他指标的影响程度的度量，指标的变异程度越大，对信息的贡献越多，就会被赋予越大的权重。以变异系数法为例，它以变异系数(Coefficient of Variation)作为权重的依据。变异系数是标准差除以均值，它与标准差的功能相同，刻画了指标的变异程度，但它不带量纲和单位，可用于比较不同指标的变异程度。变异系数法的基本做法是：指标的变异系数越大，即变异程度越大，那么指标将被赋予越大的权重。这样的处理更有利于拉开不同群体指标体系取值的差异性，从而更容易进行比较分析。客观赋权法不需要专门开展关于权重的调查工作，只需基于收集到的指标数值进行分析获得权重。客观赋权法的缺点在于对指标的具体意义重视不够，并且会存在一定的误差。

二、借助统计方法归因人民满意的教育

影响民众对教育满意程度的因素有哪些？具体的量化影响关系是怎样的？这些问题的答案将有助于教育决策者厘清症结所在，进而制定改善满意情况的举措。回答这些问题是统计学方法最典型的应用，相关的统计学工具也比较丰富。针对人民满意的教育，下面列举三种方法。

第一种方法是顾客满意度指数模型(Customer Satisfaction Index，CSI)，适用于已基于教育学等理论构建了民众对教育满意度的影响因素及影响路径的结构化模型的情况，其功能是对这一假定的结构化模型予以验证和数量化刻画。

顾客满意度指数模型历经近三十年的发展和应用，已经比较成熟，其实质是统计学中的结构方程模型(Structural Equation Modeling，SEM)。一般通过“顾客期望”、“顾客对质量的感知”和“顾客对价值的感知”三个维度来评判“顾客满意度”，进而由“顾客满意度”影响“顾客抱怨”和“顾客忠诚”。

顾客满意度指数模型的特点是：具有变量间因果作用的结构关系，可分析各因素对满意度的影响路径及影响强度，并可以相对数的形式呈现较长时间内满意率的发展变化情况。我们可以借鉴顾客满意度指数模型方法，构建民众对教育的满意度指数模型。

此外，模型中的这些维度都是潜在的因子，无法直接观测，需要对每个维度设计一些可直接观测的指标（可形成量表），这需要教育学等专家设计，也可以在基于数据的模型分析过程中予以验证和改进。建立教育满意度指数模型，一方面可通过满意度指数来总体评价满意状况，另一方面可解析影响民众对教育满意程度的因素是如何作用的，作用的强度怎样。

第二种方法是多层线性模型（Hierarchical Linear Model，HLM），也称为 Multilevel Linear Model（MLM）或 Linear Mixed Model，适用于对具有嵌套关系的影响因素与满意情况的建模分析。多层线性模型的作用与传统的线性回归模型相同，可量化评估影响因素对结果的作用强度。但是，多层线性模型比传统的线性回归模型更复杂，因为它需要处理观测数据在单位上的嵌套关系。

以教育学中著名的青蛙-池塘理论（frog-pond theory）为例，学校是“池塘”，学生是“青蛙”，学生是嵌套于学校之中的。一个学生的学习状况不仅与该生个人的内在条件（个体水平）有关，而且与其所处的外部环境（组水平）有关（通过影响个体水平上的关系来反映）。民众对教育满意情况的影响因素往往就具有单位上的嵌套关系，例如，个人嵌套于县级单位因素（如县级单位层面的教育资源数量）中，县级单位因素嵌套于省级单位因素（如省级单位的教育政策情况）中。

这种嵌套关系在数据上的直接表现，举个例子，就是所有在同一县级单位中的个体在教育资源数量这一因素上取值相同。采用多层线性模型可以分析被调查者对教育的满意情况是如何通过组水平来作用于个体水平的。比如被调查者的收入（个体水平）会影响其对教育的满意情况，这种影响（模型中的回归系数）可能依赖于被调查者所在的县级单位的教育资源数量。

以一个虚构的设想为例，教育资源数量越充足，回归系数的绝对值越小，说明随着教育资源数量的增多，被调查者的收入与其对教育满意情况的相关度会越小。此例中，个体收入影响了其对教育的满意情况，而这种影响关系又依赖于组水平（这里指县级单位的教育资源数量）。

由此可见，在多层线性模型中，内因（个体水平）和外因（组水平）的地位和作用是不同的，将二者剥离开来分析它们的影响范围及其作用强度，更有利于准确地分析个体层面微观因素的影响程度以及发现组水平层面宏观因素的影响方式。值得一提的是，多层线性模型也适用于分析对一个个体有多个时间点观测值的情况，例如，可用于分析个体对教育满意情况的发展变化趋势等。

第三种方法是数据挖掘（Data Mining）/机器学习（Machine Learning）方法，这其实是一大类方法，适用于希望避免建模的限制、考虑的影响因素较多且只需要粗略地对影响因素的重要性排序的情况。

前面所讲的顾客满意度指数模型和多层线性模型有较多的限制，譬如要求因变量为正态分布等，而这些限制条件有时难以验证或并不满足，为应用带来了困难。我们知道，许多数据挖掘/机器学习方法具有模型限制少、（某些场合）预测准确率高、运算速度快、可扩展性好等特点，尤其适用于数据维度高、数据量大的情况。

现在比较流行的方法，诸如决策树、人工神经网络、随机森林、Xgboost等，除了进行预测外，还可以对影响因素的重要性进行排序。但要注意，重要性排序只是相对的重要性，无法像线性模型那样精细地刻画影响因素变化一个单位会导致结果平均来说有多大程度的变化。

如今，教育学领域出现了许多的大数据集，可以尝试从“人民满意的教育”角度去甄选、合并和重构数据集，然后采用数据挖掘/机器学习方法对教育满意情况的影响因素进行分析，找出影响满意情况的一些重要因素。

值得注意的是，由于大部分数据挖掘/机器学习方法的理论基础还不牢靠，其应用效果在不同的情况下可能千差万别，使用它们是有一定风险的。

通常，对一个数据集采用多种方法进行尝试，会是减小风险的一个办法。

三、聚类分析助力人民满意的教育之个性化要求

对教育的需求和理解是因人而异的，因此，一百个人心目中可能有一百种“满意的教育”。在这个“以人为本”的时代，实现教育个性化是教育人本主义的落脚点，也应成为人民满意的教育的要旨。

当我们分析影响人民满意情况的共性教育问题和原因、致力于提高整体对教育的满意程度时，不应该忘记个体层面的个性化特征和需求。那么，如何甄别个性化特征、分析个性化需求从而实现个性化的、满意的教育呢？这可以借鉴如今比较热的“精准医疗”，其主要思路就是把人分成不同的类别，然后对不同类别的人分别实施有针对性的治疗方案。在数据的基础上，利用统计学方法可以开展这种把人群归类的工作。

聚类分析(Cluster Analysis)是统计学中典型的实现归类功能的方法。如今，发达的信息系统允许学校对每位学生建立档案，可记录学生的教育需求、兴趣爱好、心智发展水平、教育结果及反馈等。基于这些数据，采用聚类分析方法可将在多个因素上情况相似的学生归为一类，进而具体分析每一类学生所适宜的教育。通常的聚类分析适用于在一个时间截面上的数据。更进一步来看，学生是在不断发展变化的，学校对学生的观察和记录就会持续进行，因而同一个学生会被反复观测记录，在不同的时间点呈现出观测结果。如果时间点比较多，可以把所有时间点的数值串起来，将其看成一个关于时间的函数，从而一个学生的一个变量数据就是一个函数。此时，可以利用函数型数据分析(Functional Data Analysis)方法进行聚类，从而实现跟踪式的对个性化教育的分析。

举个虚构设想的例子，将教育需求随时间逐渐升高的学生归为一类。为这些也许最为求知若渴的学生提供更宽广、更有深度的学习机会，并在个性化处理后记录他们后续对教育满意情况的反馈，如果满意程度提高，说明

个性化处理有效[①]，然后形成教育个性化方案供今后参考使用，从而改善学生对教育的满意情况。当然，现实中教育个性化方案的制定远不是如此简单，这里只是提供一种视角。

更进一步，可将所有学校的所有学生数据合在一起，形成一个大数据集。当样本量很大时，我们就有了充足的数据量来对其中很小的子总体（精准医疗中的术语是亚组（Subgroup））的共同特征进行推断。此时，可采用基于大数据的亚组分析（Subgroup Analysis）方法来甄别不同的学生群体，推断其特征，据此制定个性化教育方案。

此外，大数据处理中还有许多富有挑战性的问题，例如，各子总体的数据来源于不同的库，因而其异质的方面和程度也不尽相同，此时需要采用荟萃分析（Meta Analysis）方法对数据进行整合。总之，大数据为个性化教育提供了坚实的基础。但是，一方面，相关的理论方法还需要研究；另一方面，在个性化教育领域应该采用怎样的分析方法，具体如何实现这些方法，还是亟待解决的问题。

四、实时监控人民满意的教育之动态变化特征

人民对教育的满意情况可能会随着时间的推移发生改变。改变的原因也许是人民对教育的期望提高了，也许是一项新的教育政策发布了，等等。因此，我们不能故步自封，而应动态地、实时地认识和评估人民满意的教育。对于这样的需求，统计学中的控制图（Control Charts）方法可以起到作用。

控制图方法的基本思想是：基于历史数据得出过程正常运行所应有的状态，在图中用两条边界把这种状态表达出来，当跃出边界时即怀疑过程不处于正常状态。具体做法是：每间隔一定的时间收集相关数据，然后计算控制图的描点统计量并画在控制图中，如果点子跃出了控制图的边界就会

① 科学的试验方法应是分别设置对照组和被试组，以检验和说明效果。简单起见，这里不对此进行讨论。

触发报警。

该方法被广泛应用于制造业、服务业等领域的质量管理之中，主要功能是基于实时采集的数据监控过程是否处于稳定状态，一旦发现过程出现异常将及时报警。由于控制图可以甄别较为不明显的过程异常，因此具有防微杜渐的作用，避免出现严重情况后才能识别和解决问题。

将人民对教育满意情况的实时动态发展看作一个运行中的过程，就可以运用控制图方法进行监控。例如，每周收集一次关于满意情况的数据（鉴于数据收集较为频繁，可主要通过网络爬虫采集相关的舆情数据，如民众在社交媒体中发布的一些对教育现象所持的观点和态度等），然后将描点统计量作于控制图中。此时，控制图的上下两条边界分别表示满意情况转好和变差。如果点子跃出了表示满意情况变差的边界，那么这个报警意味着可能有影响民众对教育满意情况的事件发生，需要及时排查情况，以尽早发现问题并采取措施；如果点子跃出了表示满意情况转好的边界，那么这个报警并非意味着有问题发生，可将它看作是可能有某种利于提高民众对教育满意程度的事件发生，应及时总结经验，争取持续改善满意情况。由此，可对满意情况实时监控，以便相关部门动态评估和管理。

由于数据收集、整理和计算等工作较为繁杂，在具体实施时，一般选择对最为重要的要素进行实时监控。例如，如果只关心对教育的总体满意情况，那只需设计一张控制图对这一个要素进行监控。如果希望对教育满意情况的各个维度都实施监控，那么可对各要素分别建立控制图，也可通过一张多元控制图来同时监控各维度。

五、用科学数据恰当表述人民满意的教育

前面列举了若干可分析和解读人民满意的教育的统计学工具。正所谓巧妇难为无米之炊，这些工具的实现都需以数据为基础。让数据说话，这几乎成为各行业的准则。

所以，这里有必要探讨关于数据收集的问题。无论收集数据的方式是抽样调查、科学实验还是网络爬虫，都应以高质量数据为目标。作者认为，从统计学角度来看，高质量数据至少应满足三个必要条件。

高质量数据的第一个必要条件是数据满足分析的需求。本文为什么在最后来探讨数据收集的问题呢？这是因为设计数据收集方案应该放在最后一步，即应该“倒置思考”，先想清楚最终的研究成果应有哪些内容，然后考虑通过怎样的分析方法可以达成这些研究成果，最后确定这些分析方法需要怎样的数据，从而制定相应的数据收集方案。只有满足分析要求的数据，才是收集的目标。

首先需要注意的是，收集数据时不要遗漏了分析所需的变量。另外还要注意分析方法特定的要求。例如，顾客满意度指数模型方法对样本量有一定的要求，常用准则是样本量至少为模型参数个数的5倍，以保证参数估计的可靠性，那么在设计数据收集方案时就需要考虑到这一点。另一个例子，控制图方法要求在每一个点上的数据具有一定的同质性。例如，在相近时间段内收集数据，那么在设计数据收集方案时应明确收集数据的时间段及其具体的实施方法。

高质量数据的第二个必要条件是数据具有代表性。代表什么呢？应该是代表总体。如果可以直接收集到总体数据，那代表性问题就不必考虑。但对于研究“人民满意的教育”来说，如果将全国人民或某个区域(譬如，一个省级区域)人群作为总体，那么几乎不可能收集到总体数据，往往只能收集样本数据，这时，就需要考虑代表性问题。

有时，会出现一种偏见，认为只要样本量足够大，那么代表性就不需要考虑了，这是极端错误的。一个著名的例子是1936年对美国总统大选的调查和预测。美国《文学文摘》杂志根据当时的电话号码簿及该杂志读者俱乐部会员名单，邮寄了1 000万份调查表，回收约240万份，从而推断共和党候选人兰登将击败民主党候选人罗斯福。但开票结果是，罗斯福压倒性地大胜兰登。这个样本量为240万的调查之所以失败，就是因为样本缺乏代表性。1936年安装了电话的人和杂志读者俱乐部会员并不能代表全体选民，回收的结果也不能代表那些没有邮寄回调查表人群的意见。这说明，无论样本量多大，缺乏代表性的样本数据可能导致推断总体时产生严重的偏差。因此，不要片面强调样本量多么大，而应以代表性好作为抽样的基本准则。

如何获得有代表性的样本呢？首先，要了解总体，从而根据总体的“样式”来抽样或者对样本进行加权调整。对总体“样式”的认定需要根据具体的项目作具体的分析。例如，在研究人民对目前教育的满意情况时，应大致考虑哪些特征具有区分性，如不同区域、性别、年龄、民族和收入的人是否会有不同的满意情况。如果一个特征不具有区分性，比方说不同性别的人在满意情况上没有较大差异，那么对总体“样式”的认定可不考虑性别这一特征，否则就需要予以考虑。总体的“样式”可以由教育学等领域专家给出，也可以由历史资料分析得来，如果需要亦可通过预调查进行探索。如果具有区分性的特征太多，那么只能选取最重要的几个或分析需要的几个。其次，要采用恰当的随机抽样方法。需要强调的是，应当“随机”抽样，而非“随意”抽样。通常，没有根据样本框(抽样对象名单)采用软件进行随机抽样的方法往往都不属于随机抽样。常见的街头拦截式的调查采用的就是随意抽样，多数网络调查采用的也是随意抽样。当然，要实施随机抽样，确实比较困难，应根据现实情况制定合适的抽样方案。例如，如果采用电话调查的方式，可以随机生成电话号码进行调查；如果采用入户面访调查的方式，可以以家庭户门牌号作为抽样框，采用软件进行随机抽样，然后对抽中的家庭户进行调查①。之所以强调随机抽样，是因为只有采用随机抽样才能计算和控制抽样误差，这对于保证数据收集的质量来说是至关重要的。此外，应注意调查质量的把控。例如，为避免数据缺失及数据转录时出错，最好采用无纸化的调查载体；调查后有必要进行数据质量检查等。

最后，高质量数据的第三个必要条件是要能提供数据质量的量化评估

① 入户调查需要得到有关部门的批准。若在抽样与调查时得到居委会/村委会等的支持，调查工作一般会更顺利。

结果，并提供数据收集的误差以便纳入分析之中。对于数据质量的量化评估，统计学中常用“精度”来表达，精度包含绝对误差、相对误差等。特别值得注意的是，需要将数据质量的量化评估结果放入后续的数据分析工作之中。

通常的统计学方法（如回归分析）中精度的计算是假定样本由简单随机抽样而来，如果采用非简单随机的抽样方法（统称为复杂抽样方法，包含分层抽样、多阶抽样等），那么就需要特别的精度计算方法。问卷中关于题目的指标值（如某一题中某个选项被选择的比例）可采用抽样调查理论中复杂抽样方法下精度的计算公式。当实际采用的抽样方法太复杂、没有现成的公式可用时，可借助重抽样等方式近似计算精度。如果要综合使用问卷各题目的数据进行建模（如回归模型），则需要进一步的处理。现实中常用的处理方式是借助设计效应（Design of Effect），它是一个比值，由复杂抽样方法下指标值估计量的方差除以相同样本量下简单随机抽样估计量的方差，通常大于1。每一个题目指标值都会有一个设计效应[①]，对所有的设计效应取平均值，可得到所有题目指标值的平均设计效应。按照特定的方法将平均设计效应放入每个观测数据的权重之中，建模时除将权重纳入以外仍然按照简单随机样本来处理，这样调整后的建模统计量精度的计算就近似符合复杂抽样样本的要求。

---

① 使用SUDDAN等专门的软件可以采用重抽样等方式近似计算复杂抽样下估计量的方差，从而获得设计效应值。

第六章
人民满意的教育之效用、供给与公平

谢童伟　华东师范大学国家教育宏观政策研究院副研究员，经济学博士
研究方向：教育政策与区域经济发展、教育发展与城市化可持续发展

内容提要

从经济学的视角看，“人民满意的教育”的内涵深刻体现了国家与个人教育投入效用最大化的期待。教育是外部性与公共性的统一。在我国目前教育投入体制下，教育供给不足是最大问题；同时，这种教育投入体制具有明显的属地性质。在中国这样发展差距极大的人口大国，同时使用“发展性”和“补偿性”两种准则才能有效地促进教育普及，增进教育公平。因而，将教育投入的重心提高到省级，进一步扩大省级政府教育统筹权，是必要的。特别是义务教育属于“全国性的准公共产品”，教育补偿单靠市场调节是解决不了的，这就需要政府进行调节，中央政府是教育补偿最核心的行为主体。

回顾近五年的教育事业发展，习近平总书记在十九大报告中指出："教育事业全面发展，中西部和农村教育明显加强。"展望未来，习近平总书记再次强调："优先发展教育事业。建设教育强国是中华民族伟大复兴的基础工程，必须把教育事业放在优先位置，深化教育改革，加快教育现代化，办好人民满意的教育。"

为此，我们首先需要全面而正确地理解加快教育现代化进程中人民满意的教育是什么等相关问题。本文尝试从经济学视角，分析当前加快教育现代化背景下，为何需要"人民满意的教育"？何为"人民满意的教育"？以及如何实现"人民满意的教育"？

一、国家与个人效用最大化的期待

"人民满意的教育"的语句结构表明，人民是行为主体，既是整体概念，也包含个体概念。从经济学微观个体角度看，人是理性的行为主体，效用最大化是追求的目标。个人教育投资可以包括本人教育投资和子女教育投资，其追求的是本人或子女教育投入回报最大化。从宏观角度讲，政府教育投入也是期待效用最大化，即教育回报最大化，包括实现国家经济增长、社会发展等方面的最优化。因此，人民满意的教育对于国家、个人都是追求的目标。

1. 教育是社会经济发展的推动力

社会发展、经济增长不仅需要人口数量，更重要的是人口质量的提升。人口素质是社会进步发展的重要引擎，内容丰富，其中人力资本是最重要的内容，是现代社会经济发展的最主要推动力之一。人力资本的类型主要包括：健康人力资本、教育人力资本、知识人力资本、能力人力资本。教育是人力资本积累的最主要途径，是反映国民素质的重要指标之一。从经济增长贡献来源的角度来说，教育也是一种经济活动。

长期以来，关于教育与经济的研究一直是国民经济发展中的一个热点问题。刘易斯(Lewis)直接把"教育所引起的知识的增长"归结为经济增长的三个原因之一;舒尔茨(Schultz)认为"教育作为经济发展的源泉,其作用是远远超过被看作实际价值的建筑物、设施、库存物资等物力资本的"。另外,在罗默、卢卡斯的理论研究中,人力资本是经济发展最重要的内生变量。人力资本是对人口质量投资的结果,知识的积累即受教育水平是人力资本最主要的内容。人力资本的载体是人,想要增加人力资本存量就必须对人进行投资,而教育是最好也是最直接、有效的方式。因此,人力资本理论(Human Capital Theory)、赶超模型(Catch-up Model)、干中学模型(Learning by Doing)等均将教育作为经济中的一项投资来研究。尽管关于教育对经济增长贡献的研究呈现出多样性,但是肯定并强调教育发展对经济增长的作用是这些研究的共同点。

2. 教育发展缩小区域经济间差异

教育是影响区域经济差异的一个重要因素。在经济全球化的趋势下,教育作为经济发展的"内在变量",其地位越发凸显。教育投入受到各地区政府自身财力的限制,由此造成教育经费的区域性特点,从而影响到该地区的人才培养和企业的发展,制约地区的经济增长。地区性教育差距不断扩大将使得落后地区陷进"贫穷-教育投入低-人力资本低-经济落后-收入低-贫穷"的恶性循环。因而,教育对区域经济的差异性也有很重要的影响。

笔者基于1999—2013年全国31个省份的面板数据,建立了Arellano-Bond动态模型。从面板数据结果来看,各省的教育公平程度在这15年间不断提升。模型反映出教育公平的改善,可以使得经济增长加速。因此,教育公平的改善,是促进经济增长的重要因素。采用Barro, R.J.和Sala-i-martin的β-收敛模型,比较分析教育不平等对区域经济收敛的影响,在将教育不平等作为控制变量后,教育不平等使得2000—2006年之间区域经济收敛速度下降,原来的收敛速度是现在的1倍。在2007—2013年间,添加控制变量以后,区域经济的收敛速度有所提升,与2000—2006年间的教育基尼系数相比，这一时段的教育基尼系数总体下降，教育公平程度得到提升，教育公平得到保障，因而加速了区域经济的收敛程度。这说明降低教育不平等可以促进经济收敛，减少区域经济差距，从而促进经济协调发展。从2000—2013年整个时段来看，添加控制变量以后，区域收敛速度下降了。因此，教育公平的改善，有利于缩小区域经济差距。发展教育、改善教育平等状况是促进区域经济协调发展的重要手段。

3. 教育提升收入与促进社会流动

通过更高层次的教育获得更高的收入，是大多数人的期待，这就是所谓的“教育回报”。受教育程度直接影响就业的期望值与收益、信息搜寻与处理的能力、迁移成本的承受能力等方面。有不少学者分别对中国城市和农村的大学教育回报率进行了估算，结果显示城市的教育回报率在6%—10%左右，而农村的教育回报率则约为4%。李宏斌教授用双胞胎的办法重估了各个不同层级教育的回报率：大学教育10%，中专、大专7%—8%。教育回报率在大学和职业教育阶段仍然比较高，接近美国、西欧、日本水平。从整体或者平均情况来看，受教育程度越高，收入相对也越高。

无论是国内还是国外，教育都具有强大的社会阶层流动功能。纵观整个中国五千多年的发展历史，不管是古代还是现代，不管是奴隶社会还是现代社会，教育的内容和形式虽然有差异，但是教育都是促进社会流动的一个重要的原因和途径，都对当时的社会流动起到过积极的作用。尽管有的教育方式，比如科举制度，最后发挥社会流动的作用越来越小，甚至产生负面影响，但是其历史作用不可否认。因此，在中国当下背景下，教育已经不再是单纯的教育，而是成为稀缺资源分配的代理机制。所以，对于稀缺优质教育资源的追求，加剧了优质教育资源的供需矛盾。

4. 教育选择边际效用的尽量相当

“满意”，主要取决于人的主观感受，用经济学的消费者理论来解释，即实现效用最大化。教育不仅是投资,也是消费。消费者消费某种物品能满足欲望的程度高就是效用大,反之,就是效用小。效用是消费者在消费活动中的一种主观心理感受,效用会因人而异,因时而异,因地而异。

基础教育的普及,高等教育从精英化到大众化,人民对教育的期待从“有学上”转变为“有好学上”,也就是“有学上”所带来的边际效用在递减,人们进而追求更高边际效用的“有好学上”。比如,随着人们生活水平的提高、教育意识的增强,虽然有国家政策的抵制和舆论的强烈批评,但是人们对于具有更高边际效用的优质教育资源的过度选择——“择校热”并未减退。

然而,在解决“上学难”之后,难点在于“上好学”。优质教育资源稀缺,不能同时满足所有人的愿望,就必然导致选择。教育也是消费,在消费者理论中,资源约束条件下的消费者对不同产品的选择行为,满足以下条件时,消费者实现均衡,效用最优化——只要人们在不同的教育层次、不同地区的教育一单位投入所获得的边际效应相当,那么就不需要进行选择,这是一个理想状态。选择的前提条件是公平,教育公平是人民满意的教育的基础。然而效用是人的心理主观感受,并不容易衡量;即使可以衡量,每个人的效用水平衡量标准并不一致;甚至在同样的约束条件下,同一行为主体在不同时期对同一产品的感受也不尽相同。因而,效用既可以横向静态比较,也可以纵向动态比较。边际效用递减理论告诉我们,对于某种产品的不断追加消费,一单位该消费品所带来的边际效用在递减。因而,基本教育普及后,人民追求优质教育资源符合理性的选择,即“有学上”向“有好学上”的过渡是趋势。

随着经济的高速发展、社会的全面进步和人们物质文化生活水平的不断提高,人们对教育的需求急剧膨胀,多元化的、优质的教育需求日趋明显。中国目前教育发展不充分不平衡,主要体现为优质教育资源在城乡之间、区域之间和阶层之间配置不均衡。中国最重要的教育国情之一就是城乡之间、区域之间的发展不平衡导致的教育机会不均等。农村教育的主要问题仍在义务教育阶段,城市教育的突出问题主要在义务教育后的普通高中和大学阶段。随迁子女教育则是城乡之间、区域之间和阶层之间教育问题的集中体现。由于高等教育的大众化，本科毕业生就业薪酬期望值与实际值之间存在着较大的差距。“毕业即失业”，虽然有些夸张，但恰恰是这种现象的反映。

通过高考选择好大学，进而硕博相继，因此人们认为不同学校、不同教育层次所带来的边际效应不相同，从而做出个人认为理性的选择。随着社会的贫富差距加大，不同阶层子女的教育权利受到影响。由于家庭的社会资本和文化资本不同，哪些人才能享受好的教育，教育过程和教育质量的平等，成为令人关注的问题。教育不公平所产生的对社会合理流动的影响依然存在并日趋严重。因此，虽然教育发展成效显著，但是“人民满意的教育”仍然任重道远。

需要强调的是，消费者均衡理论是以“信息完全对称”为前提假设得到的推论，我们借助消费者均衡理论理解“人民满意的教育”，并不是说“人民满意的教育”就是单纯用价格来衡量，也并不是价格越高，教育质量越好。教育相对于其他消费产品有其特殊性，其既具有外部性，又具有公共产品属性，无法完全依靠市场调节。

二、教育是外部性与公共性的统一

如何实现“人民满意的教育”，即如何供给，首先要理解教育的特点：第一，教育具有外部性；第二，教育具有公共产品属性。

1. 教育的外部性及其供给

教育具有经济、政治和文化等社会功能，因此被普遍认为具有很强的正外部性。卢卡斯认为接受教育后劳动者的生产效率和收入水平会提高，同时通过“潜移默化”的方式使周围的人乃至整个社会的生产率会提高，但该劳动者并没有因此获得额外报酬。弗里德曼指出，儿童接受的教育不仅有利于儿童和家长，而且也有利于社会上的其他成员。袁志刚认为教育的外部性就是“其社会收益大于个人收益”。袁连生指出，“教育的间接消费效用，是教育的外部产出或外部效益”。因此，教育的外部性可以概括为：经济行为主体的教育成本及收益与教育的社会成本及收益之间的矛盾，而且这种外部性具有时间性（代际之间）与空间性（区域之间）。

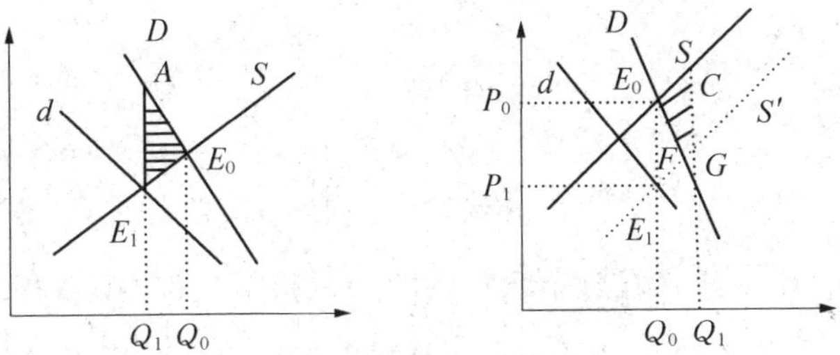

图 6.1　教育外部性与教育供给

如果教育产品单独由市场供给，则如图 6.1 左图所示，教育的供给曲线（边际成本曲线）为 S，个人需求曲线（个人边际效应曲线）为 d，社会的边际收益曲线为 D。D 比 d 高是因为教育存在正外部性，使得社会收益大于个人收益，两条曲线之间的垂直距离表示教育产品的边际外部收益。如果教育产品的供给要符合最优的产出水平，则产出要等于 D 和 S 的交点 E_0 所决定的产出 Q_0。但实际上，由于人们往往按照私人边际收益来确定对教育产品的需求，没有考虑社会的边际收益，最终教育的产出水平被确定在 d 和 S 的交点 E_1 所决定的产出 Q_1。这样就导致教育产品供给不足（$Q_1 < Q_0$），效率损失（图中阴影三角形 AE_1E_0 面积）。

为了提高供给效率，政府应介入，以财政的形式提供教育产品，降低供给价格，鼓励增加教育产品消费。如图 6.1 右图所示，供给曲线因为政府介入而移至 S'，使得产出水平恢复到 Q_0。此时，教育产品价格 P_1 比没有政府介入时的价格 P_0 低，政府按照 P_1 价格向消费者收取费用，如果完全免费提供则会造成教育资源浪费，使社会福利损失（图中阴影梯形 CE_0FG 面积）。

教育是人力资本投资的最主要渠道，因此教育的外部性与人力资本外部性在某些研究中就直接等同，最典型的如卢卡斯在研究人力资本外部性的模型中并没刻意区别两者的区别；两者都具有时间性(代际之间)与空间性(区域之间)，都需要政府介入(如图6.2)。但是，人力资本积累的途径还有很多方式，如企业培训以及经验传承等。特别地，教育和人力资本的投入对象都是人，劳动力的流动，尤其是高素质人才的区域流动，将造成教育和人力资本外部性的空间表现突出。

2. 教育产品供给的多元化

教育的产品属性至今仍然是教育经济学的一个焦点，学术界没有完全统一的观点。布坎南通过分析教育的间接消费特点，得出教育是准公共产品的结论。① 阿特金森和斯蒂格利茨从教育的直接消费特点出发，把教育看成是"公共供应的私人产品"。②虽然教育属性界定不同，但是教育具有竞争性和排他性，因而教育具有公共产品的属性，这点是相同的，而且层级越低其公共产品属性就越大。因此，可以把教育看成混合公共产品，其供给主体从理论上说应该是多元化的，即政府机制、市场机制和自愿供给机制并举，政府补助与收费相结合，以便弥补成本，优势互补，保证充分供给(如图6.1)。

3. 义务教育供给的政府责任

从目前我国义务教育经费投入模式和分层管理体制来看，义务教育似乎是区域性公共产品，但是义务教育更符合全国性的公共产品范畴。

首先，义务教育具有公共产品的非排他性特征。义务教育的目的是满足社会公众对初等教育的需求，是经济和社会发展的重要推动因素，对一个国家的长远发展起着基础性与决定性的作用。因此，义务教育是一种全民教育，拥有公共产品的基本属性。同时，义务教育不仅使个人获益，更重要

① 詹姆斯·M·布坎南：《公共财政》，赵锡军等，译.北京：中国财政经济出版社，1991年，第22页.

② 安东尼·B·阿特金森，约瑟夫·E·斯蒂格利茨：《公共经济学》，蔡江南等，译.上海：上海三联书店，1994年，第624－637页.

的是使社会受益，而且义务教育的社会收益相对于个人收益更明显。还有，义务教育的公平功能不但指任何公民都应获得同等的义务教育基本公共服务，而且还是实现社会分配公平的一个基础性途径。一般地，受教育程度和一个人未来的收入是正相关的，如果政府不提供义务教育，那么，穷人家的孩子就很难有机会读书；政府提供义务教育，是要借此推动社会公平。因此，义务教育具有公共产品的非排他性的特征。

其次，义务教育是准公共产品。判断纯公共产品、准公共产品的重要标准是边际拥挤成本是否为零。教育产品在非竞争性上的表现并不充分。例如，随着学生人数的增加，校方需要的教学资源也相应增加，教学成本随之增加，所以，增加边际人数的教育成本并不为零，即义务教育的边际拥挤成本不为零。由于义务教育具有一定程度的消费竞争性，因此，义务教育是准公共产品。对于准公共产品的供给，在理论上应采取政府和市场共同分担的原则。

第三，义务教育还是全国性的准公共产品。义务教育是国家统一实施的所有适龄儿童、少年必须接受的教育，是国家必须予以保障的公益性事业，其面向的对象是全国的适龄儿童和少年。统一性是贯穿始终的一个理念。在 2006 年颁布的新《义务教育法》中，从始至终都在强调在全国范围内实行统一的义务教育。“凡具有中华人民共和国国籍的适龄儿童、少年，不分性别、民族、种族、家庭财产状况、宗教信仰等，依法享有平等接受义务教育的权利，并履行接受义务教育的义务。”这个统一还包括要制定统一的义务教育阶段教科书设置标准、教学标准、经费标准、建设标准、学生公用经费标准等。表面看起来义务教育的受益覆盖范围主要在地方区域，然而义务教育的收益更多表现为公民社会道德水平的提高、文化素质的改善等有助于增加社会整体利益的方面。

义务教育外溢性很强：一方面，义务教育阶段的学生往往在毕业以后就通过上大学等途径在地方较大区域内或者在全国范围内流动；另一方面，近年由于农村生产率提高，出现大量劳动力，劳动力的区域流动数量不断增加。这两方面使得义务教育的收益表现出很强的外溢性。因此，义务教育是全国性的准公共产品。

三、改进教育产品供给的策略

1. 教育投入不公平的因素

在我国目前教育经费投入体制下，最大的问题是教育投入的供给不足。这种教育投入体制具有明显的属地性质。因此，我国中西部地区大量劳动力的区域流动，将使教育的外部性，不但有个人对社会的纵向表现，而且有区域之间的外部性表现。也就是，劳动力流动使得中西部地区的教育投入犹如在给东部地区做“嫁衣裳”，中西部地区政府的教育投入得不到回报，东部地区政府并没对该部分劳动力进行教育投入而却得到人力资本的额外增加和经济的加速发展。因此，现有体制下教育投入供给不足以及中西部地区政府教育投入与收益非对称性，都影响了教育省际不公平。所以，进一步提高教育投入的重心，既有利于增加教育投入供给，提升教育发展水平，又有利于减少劳动力区域流动产生的教育及人力资本外部性，改善教育省际公平。

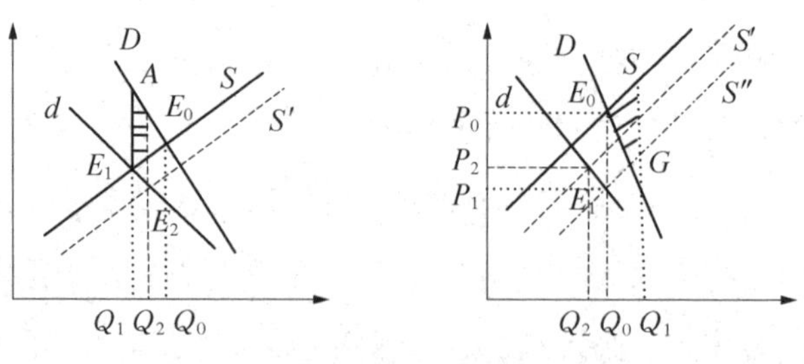

图 6.2　中央(或省级)财政与教育外部性

教育具有公共产品的性质，单由市场供给导致教育产品供给不足以及效率损失，因此，政府须介入。如图 6.2 的左图所示，“以县为主”的投资体制改善了教育投入的状况，使得教育的区域外部性有所减少，即 AE_0E_1 的面积有所缩小，但是此时，教育产品的价格 P_2 相比均衡价格 P_1 仍然较高，而且没有完全消除区域外部性。而如果将教育投入的重心提升到省级或者中央，则不但有利于教育投入的充足供给，而且有利于教育外部性进一步减小。如图 6.2 右图所示，如果 S' 向右移动，即教育投入重心提升的话，GE_0E_1的面积将逐渐缩小，也就是教育外部性明显减少；特别地，当移至 S'' 的位置时，即 D 与 S 相交点的垂直线 E_0Q_0 与 d 的交点 E_1 处时教育外部性消失。

因此，教育投入体制需要改进。将教育投入的重心进一步提高到省级，进一步扩大省级政府教育统筹权，既有利于增加教育投入供给，提升教育发展水平，又有利于减少劳动力区域流动产生的教育及人力资本外部性，改善教育省际公平。事实上，增加中央对义务教育的财政扶持力度，学术界对于这个问题已经达成了一致。① 在发达国家和其他发展中国家差不多都是由中央政府负担初等教育的全部或主要费用。义务教育是具有较强的正外部效应的全国性准公共产品，中央政府负担义务教育费用符合义务教育的外部效应特征；其作用在于，建立对弱势地区和群体的补偿机制，调节贫穷地区与富裕地区、农村与城市、穷县与富县之间的教育投入差距，缩小地区教育发展的差距，体现公平原则。

2. 实现教育补偿的必要性

在我国现有“以县为主”的教育投入体制下，义务教育投入属地性质明显，教育因为劳动力流动、人力资本溢出表现出极强的区域外部性特点，中西部与东部之间政府教育投入的非对称性加剧。在《国家中长期教育改革和发展规划纲要(2010—2020 年)》中明确指出，“教育公平的关键是机会公平，基本要求是保障公民依法享有受教育的权利，重点是促进义务教育均衡发展和扶持困难群体，根本措施是合理配置教育资源，向农村地区、边远贫困地区和民族地区倾斜，加快缩小教育差距”并且“提高国家财政性教育经

① 王一涛. 农村教育研究中的两个基本问题[J]. 江西教育科研，2006(2)：5-8.

费支出占国内生产总值比例，2012年达到4%”，“加强省级政府教育统筹”，“鼓励发达地区支援欠发达地区”。因此，为促进区域间教育协调发展，应该进行教育补偿。

首先，教育补偿有利于缩小教育发展差距，实现教育公平。要素流动的结果是区域发展差距缩小，最终形成区域平衡发展；舒尔茨认为人口流动会带来人力资本的增进，从而减少不平等。但是在中国目前的情况下，流动导致的是区域发展差距的拉大。由于劳动力流动，中西部地区的教育投入、人力资本存量及区域经济三者之间形成“贫困恶性循环”；而东部地区则因人力资本的外部效应、溢出效应，经济得以更快发展。在差异性极大的现实中，仅靠同等对待的平均推进策略，企图通过社会发展自然地缩小和弥补差距的设想是不现实的，必须依靠政府对弱势地区补偿性的倾斜政策，或者说，在中国这样发展差距极大的人口大国，同时使用“发展性”和“补偿性”两种准则是必须的，这样才能有效地促进普及教育，增进教育公平。这就是罗尔斯公平判据中“平等性原则”之后的“补偿性原则”。因此，对中西部进行适当的教育补偿是必要的，而且教育补偿问题实际上体现了教育公正与平等的原则，这也是《国家中长期教育改革和发展规划纲要(2010—2020年)》强调弱势区域教育补偿的主要原因。

其次，教育补偿的必要性还因为教育具有准公共产品的性质，特别是义务教育是“全国性的准公共产品”，对于劳动力输出省份的教育补偿由市场调节是解决不了的(如图6.2)。流动的农村劳动力取得了相对于农业收入更高的工资收入，农民工学习发达地区先进的技术、经验对劳动力输出省份存在一定程度上的补偿效应。但是这种自发的补偿方式相当慢，而且补偿效果相对于流动劳动力对输入省份所作出的贡献及溢出效应非常小。况且农村义务教育投入主体是地方政府，地方政府进行教育投入的重要目的之一就是促进当地经济发展，而目前却处于为东部做“嫁衣裳”的状态。

3. 中央政府的主体责任

教育补偿的具体方式由教育的供给模式和我国义务教育投入体制特点决定。首先，教育是准公共产品，具有外部性，因此政府应该参与供给，而我国“以县为主”的义务教育投入体制使得教育区域外部性明显。我国政府虽然参与供给，但是重心过低，2001 年义务教育投入体制由“以县为主”取代“分层管理”，一定程度缓解了教育经费的不足，但是现在仍然是捉襟见肘；而且义务教育的“全国性准公共产品”的性质与义务教育供给模式的区域性之间存在矛盾。

在 2001 年全国义务教育经费投入体制改革后，各省教育差距及农村教育差距存在显著的 σ 收敛和 β 收敛特征；而城市教育发展的省际差距和省际不平等状况没有明显的 σ 收敛特征，并且在 2001 年之后，城市教育发展的省际差距也存在着 β 收敛趋势而城市公平的省际差距并不存在 β 收敛趋势。这说明 2001 年义务教育投入体制改革效应是明显的。

然而，在中央向地方转移支付规模很小的情况下，各地政府对教育的支出主要依靠本地财源，在城乡、区域之间经济发展水平和财政水平差异较大的情况下，必然导致各地生均教育经费水平的巨大差异，造成区域间教育发展水平及不公平程度不断加大。“以县为主”的教育投入体制具有很强的属地性质，大量的农村高素质劳动力外流造成了明显的教育外部性以及中西部地区的教育投入力度与其对当地经济的贡献程度并不对应，加上东中西部原有教育差距的存在，所以，作为中西部地区义务教育主要投资主体的当地政府激励程度的降低，又进一步恶化了省际教育不公平。所以，教育不平等的省际差异 β 收敛速度，尤其是农村教育不平等的省际差异 β 收敛速度，下降较为明显。这说明 2001 年义务教育投入体制改革对教育公平的改善作用在减小。

因此，需再次提升教育补偿重心。之所以把提升教育重心作为最主要的措施，还因为劳动力流动是比较复杂的现象，包括跨省的区域间、城市与城市之间、城市与农村之间、农村与农村之间。地方政府如对流入劳动力的来源省份进行一个个准确的补偿，所需要的行政成本将会非常高。而中央政府则可以通过税收，对劳动力流入大省收取一定的教育经费，并通过转移支付等手段作为劳动力输出身份的教育补偿。毋庸置疑中央政府就是教育区域补偿最基本、最核心的主体。但是非政府组织也有其优势，因此在教育补偿过程中政府也要积极引导非政府组织参与。

第七章
国家治理与人民满意的教育

王向民　华东师范大学政治学系教授，博士生导师，公共事务与政府治理中心主任
研究方向：国家理论、中国政府与政治、中国社会政治分析

内容提要

国家治理体系与治理能力现代化在教育领域的推进与实现意味着：第一，教育是作为民生政策与民生服务的具体领域而存在的；第二，国家治理视阈下的人民满意的教育实质上是教育产品的充分与均等化供给。教育均等化的核心议题包括教育产品在城乡之间、东西部之间或义务教育与高中教育之间的均衡配备。教育产品的充分性讨论的是教育质量的更新换代，需要通过改革和创新，减小现行教育政策的偏差（比如更为有效的教育财政转移支付制度），改变现有教育产品供给失衡问题。教师职业在本质上不仅仅是一份职业，更代表一种超越性（transcendence）的价值。教育治理的乱象问题应当通过治安或法律的方式加以解决，而教师尊严的维护应当是国家治理的应有之义。

自十八届三中全会发布全面深化改革蓝图到十九大报告提出新时代中国特色社会主义思想以来，国家或政府的核心工作就是“推进国家治理体系与治理能力现代化”。从政治学的角度，十九大报告提出的“人民满意的教育”，意味着将国家治理体系与治理能力现代化的全面深化改革要求贯彻落实到教育领域。

“人民美好生活的需要”是“人民满意的教育”的总纲，“人民满意的教育”是“人民美好生活”在教育领域的要求。“人民满意的教育”同时反映着新时代我国社会的主要矛盾：“人民日益增长的美好生活需要和不平衡不充分的发展之间的矛盾。”因此，“人民满意的教育”意味着要尽快解决人民日益增长的美好生活需要和不平衡不充分的发展之间的矛盾，而教育的不平衡主要体现为当前教育体系与教育能力现代化的不够完善，还需要在教育产品供给、充分性与均等化以及教师尊严等方面推进建设。

一、教育产品的供给：国家治理的目标任务

“国家治理体系与治理能力现代化”作为国家的建设方针，经历了一个摸索并总结国家/政府职能转型的过程，其结果就是从单纯的机构改革转向责任政府、服务型政府建设。

1. 国家转型与服务型政府的确立

中国的国家转型在 20 世纪 80 年代主要体现为政府改革。改革开放以后，建国后形成的全能政府导致政府机构庞大臃肿，难以适应市场经济的快速反应，为此中国拉开了政府改革的序幕。1982 年开始的政府改革，最初命名为“机构改革”或“行政改革”，这意味着政府改革只是在国务院机构部门的规模与数量上进行调整与缩减。

20 世纪 90 年代末国企改制与市场经济的进一步发展，迫使政府不得不进一步“放权”，调整政府与市场、政府与社会的关系，改变政府既制定经

济发展战略，又亲自创造财富的做法，进而政企分开的共识最终落实到具体经济职能机构的裁撤与缩减。

2006年是中国政府改革的分水岭，中国政府将其“直接”的经济职能与社会服务职能在原则上剥离了出去，政府仅仅提供经济与社会活动的背景与环境，亦即服务于经济与社会活动而不是越俎代庖亲自捉刀上阵，此即服务型政府。同时为了加强这种责任感，政府改革强调责任政府建设。

服务型政府第一次被写入党的文件是在2006年十六届六中全会，第一次被写进党的最高文件是在2007年中国共产党十七大，这也最终实现了从地方探索到国务院认可，从中央委员会的决定上升到中国共产党全国代表大会决定的国家方针。此后，2008年初的“大部制”改革，就是按照服务型政府的思路进行新的政府机构改革。2010年3月的“两会”上，温家宝总理在政府工作报告中再次申明要切实转变政府职能，构建现代服务型政府。经过三十年的创新，中国完成了政府职能转变这一伟大的历史变迁，政府职能被最终定位于服务。

教育是服务型政府所供给的公共产品之一。但是，教育长期以来在国家事务中并不独立，其事务被裹挟于笼统而模糊的国家政治事务之中，而随着中国政治发展战略“民生政治”的形成，教育已经逐渐被明确为民生领域或民生政策的事务，国家治理的民生取向更加有效地施加于教育领域之中。

2. 服务型政府与民生政策的提出

服务型政府所供给的公共产品与社会服务，长期以来被裹挟于笼统而模糊的国家政治事务之中，通过将其界定为“民生”政策与“民生”服务而脱敏，同样经历了很长时期的历史探索。中国共产党全国代表大会的报告是中国共产党对特定历史时期与自身职能的判断，同时它又体现出中国共产党的未来指导思想。因此，我们可以通过“民生”一词在党报告中的体现考察“民生”一词如何成为中国共产党的中国政治发展战略的核心概念，以及教育如何成为“民生”政治的重要组成部分。

在中国共产党第七次全国代表大会《关于修改党章的报告》中，“民生”一词第一次出现。当时抗战胜利，百废待兴，中国共产党批评国民政府导致“民生凋敝、民怨沸腾、民变蠡”，而在根据地则是“生产提高，民生改善，社会安定”。因此“民生”作为一个普遍性概念与“改善”连缀形成“民生改善”的语境，“民生改善”的表述只是一个批判性用语，并无具体所指。1956 年中国共产党第八次全国代表大会刘少奇的报告《中国共产党中央委员会向第八次全国代表大会的政治报告》，将民生概念与“国计”一词复合而成“国计民生”的表述。但是与“民生改善”一样，“国计民生”也无具体内容，只是宏观的表述。此后，由于国家政治生活的非正常化，连“民生改善”、“国计民生”的表述在党报告中都缺位了。一直到 1981 年十一届六中全会才再次提出笼统的“国计民生”表述，但是即使到了 1982 年中国共产党第十二次全国代表大会，“国计民生”的出现次数也还远不及更笼统的表述“人民生活”的出现次数。

改革开放之后，“国民生产总值”在党报告中出现的次数逐渐增长。2002 年中国共产党十六大报告，首次出现“居民生活”一词，“居民”替代了“人民”，而且，“民生”首次作为独立单词概念而非复合词出现——“就业是民生之本”，与就业相关的“民生”语境表述一直持续到现在。

“民生”作为一个相对具体而核心的概念，首次出现在中国共产党第十七次全国代表大会报告中。首先，它出现于报告的标题之中，即第八部分“加快推进以改善民生为重点的社会建设”，民生的语境是“必须在经济发展的基础上，更加注重社会建设，着力保障和改善民生，推进社会体制改革，扩大公共服务，完善社会管理，促进社会公平正义，努力使全体人民学有所教、劳有所得、病有所医、老有所养、住有所居”。民生的具体内容包括教育、就业、分配、生活保障体系、基本医疗卫生制度、社会管理六个方面。而且，“民生”一词在报告其他部分也有出现，其语境往往是笼统的“改善民生”，并且与经济发展、民主推进等国家职能并列。“改善民生”这一表述在中国共产党第十七次全国代表大会报告之后的历次全会报告中都有出现，在十七届四中全会报告中，在论述党与人民群众的血肉联系时，出现了更为集中的以“民”为中心的表述，“问政于民、问需于民、问计于民”，“顺民意、解民忧、惠民生”。

在中国共产党第十八次全国代表大会报告中，“(改善)民生”一词出现在报告的第一部分，即“过去五年的工作和十年的基本总结”中，而且在“夺取中国特色社会主义新胜利”(第二部分)、“在改善民生和创新管理中加强社会建设”(第七部分)以及“丰富‘一国两制’实践和推进祖国统一”(第十部分)都有出现。“民生”作为核心概念出现在标题中是第七部分“在改善民生和创新管理中加强社会建设”，“加强社会建设，必须以保障和改善民生为重点。提高人民物质文化生活水平，是改革开放和社会主义现代化建设的根本目的。要多谋民生之利，多解民生之忧，解决好人民最关心最直接最现实的利益问题，在学有所教、劳有所得、病有所医、老有所养、住有所居上持续取得新进展，努力让人民过上更好生活”。民生的社会建设包括教育、就业、居民收入、城乡社会保障体系、健康水平、创新社会管理六个方面。

中国共产党第十九次全国代表大会报告不但在第一部分中继续写入“民生”一词，而且将“民生”与“领域”复合形成“民生领域”的说法，即“必须清醒看到，我们的工作还存在许多不足，也面临不少困难和挑战。主要是：发展不平衡不充分的一些突出问题尚未解决，发展质量和效益还不高，创新能力不够强，实体经济水平有待提高，生态环境保护任重道远；民生领域还有不少短板，脱贫攻坚任务艰巨，城乡区域发展和收入分配差距依然较大，群众在就业、教育、医疗、居住、养老等方面面临不少难题”。而且，在第三部分“新时代中国特色社会主义思想和基本方略”中将民生与经济、政治、法治、科技、文化、教育、民族、宗教、社会、生态文明、国家安全、国防和军队、“一国两制”和祖国统一、统一战线、外交、党的建设并列为中国政治社会的重大议题。第八部分“提高保障和改善民生水平，加强和创新社会治理”中，提出“保障和改善民生要抓住人民最关心最直接最现实的利益问题，既尽力而为，又量力而行，一件事情接着一件事情办，一年接着一年干”，其下列有教育、就业质量和人民收入水平、社会保障体系、脱贫攻坚、健康中国、共建共治共享的社会治理格局、维护国家安全七项内容。

上述简单的回顾与分析显示，中国共产党所代表的中国政府对国家事务的理解经历了一个变迁过程，它反映了伴随着中国共产党在中国政治中的地位变化，中国政府调适自身形态，进而探索出政府事务的具体内容，亦即国家治理所供给的公共产品与社会服务的属性及其类别。

革命时期的中国共产党是革命党、局部性政党，因此，尽管有根据地改善民生的经验与指向，但是，在指导思想上，“民生”概念更多指向对当政的国民党与国民政府的批判。新中国开国建政，中国共产党成为全国性政党、统治党，但是对“统治”的重视使其在国家事务判断上更注重政治属性。改革开放新时期的中国共产党更多的是以一种执政的建设者角色出现，执政的逻辑使其逐渐确立了服务型政府的政府职能、国家治理的民生取向，并将教育、就业、医疗、居住、养老、收入分配等议题纳入民生的主体范围，同时，将民生提升为与经济、政治、法治、科技、文化等并列的国家事务或公共产品供给主题。

3. 教育现代化与国家治理能力

从上面的国家或政府职能或国家能力建设流变的叙述中，可以看出，国家治理体系与治理能力现代化在教育领域的推进与实现意味着：第一，教育是作为民生政策与民生服务的具体领域而存在的；第二，国家治理视阈下的“人民满意的教育”实质上是教育产品的充分与均等化供给。

十九大报告精确表述了“人民满意的教育”在教育体系与教育能力现代化方面的具体内容：“要全面贯彻党的教育方针，落实立德树人根本任务，发展素质教育，推进教育公平，培养德智体美全面发展的社会主义建设者和接班人。推动城乡义务教育一体化发展，高度重视农村义务教育，办好学前教育、特殊教育和网络教育，普及高中阶段教育，努力让每个孩子都能享有公平而有质量的教育。完善职业教育和培训体系，深化产教融合、校企合作。加快一流大学和一流学科建设，实现高等教育内涵式发展。健全学生资助制度，使绝大多数城乡新增劳动力接受高中阶段教育、更多接受高等教育。支持和规范社会力量兴办教育。加强师德师风建设，培养高素质教师队伍，倡导全社会尊师重教。办好继续教育，加快建设学习型社会，大力提高国民素质。”

在这段表述里，第一，指明了当前我国的教育形态，即学前教育、特殊教育、网络教育、高中教育、职业教育、高等教育、民办教育、继续教育；第二，指明了当前我国教育能力现代化的努力方向，即发展素质教育，推进教育公平，让每个孩子都能享有公平而有质量的教育；第三，指明了当前我国教育能力现代化的文化目标，即倡导全社会尊师重教，加快建设学习型社会，大力提高国民素质；第四，指明了当前我国教育能力现代化的政治目标，即实现立德树人，培养德智体美全面发展的社会主义建设者和接班人。因此，国家治理在教育领域的落实与实现就是教育产品的充分而均等的有效供给。

二、教育的充分性与均等化：国家治理的价值追求

随着中国教育体系的基本确立以及教育产品的供给基本实现，当前的最大问题是“人民日益增长的美好生活需要和不平衡不充分的发展之间的矛盾”。“人民满意的教育”意味着尽快解决人民日益增长的美好生活需要和不平衡不充分的发展之间的矛盾，要提供公平而有质量的教育，实现教育的充分性与均等化。就公平而有质量的教育产品供给来说，国家治理与“人民满意的教育”事实上都在追求着同样的价值。

1. 数量与质量的关系

教育公共产品供给的充分性与均等化是一个问题的两个方面。充分性体现的是教育产品在自身发展的形态或程度上的充分与否，比如当前中国教育的结构已经基本形成，但是如何让教育向高精尖发展，如何从“应试教育”向“素质教育”转变，如何建设“一流大学”与“一流学科”，正如从“中国制

造”向“中国创造”转型实现制造业的更新换代一样，是教育充分性要讨论的议题。均等化体现的是教育产品在不同地域、不同结构中的均衡性发展。因此，教育产品在城乡之间、东西部之间或义务教育与高中教育之间的均衡配备就是教育均等化的核心议题。二者尽管有所差别，但是，其着眼点与最终结果，都是教育产品的公平而有质量的有效供给。

教育失衡或均衡性是当前教育研究的主要议题。这些研究的观点大同小异，研究者看到当前中国教育已经发生了重大变化，而且自 1978 年以来的城市化与工业化进程也大大改变了中国的教育需求。这是由于随着改革开放以来的经济发展，社会成员的教育资源与受教育机会已经发生了很大变化，社会成员迫切需要更加优质而公平的教育。

当前中国的教育产品的供给已经相当丰富了，尤其在基础教育阶段，全社会的受教育机会都有明显提高，适龄儿童入学率大大提高，义务教育高水平普及，高中阶段教育普及即将实现。但是，优质的教育资源则是稀缺性公共资源，教育产品在城乡之间、东西部之间、义务教育与高中教育之间的配备不均衡，甚至高等院校的分布都有待于进一步优化，弱势一方（如薄弱学校或弱势群体）在教育质量的选择上呈现持续弱化趋势，社会固化现象在教育领域也反映了出来。

2. 制度与体制的影响

教育研究者测评教育质量时，通常测量如下指标：第一，师资状况，从生师比测量师资规模差异，从专任教师的学历结构与职称结构反映师资力量对比；第二，基础办学条件，包括校舍面积情况，校舍资产情况，例如教学仪器、实验设备等，以及图书和数字资源状况；第三，教育教学经费或财政投入状况。

新中国的中央集权制度反映在教育资源分配上，导致了区域教育资源的不均衡，包括基础教育与高等教育领域。

近年来，由于国家加强了对基础教育资源分配的调控，通过向乡村大幅度倾斜，城乡基础教育资源的差距得以缩小，城乡教育在新世纪以来逐渐趋向公平。小学入学率与小学升学率无论在城市还是乡村都很高，生师比的改善也很明显，这从一个侧面反映出我国的普及九年义务教育工作已经在数量规模发展上取得了显著成效。

但是，在生师比、教师学历水平与职称水平上，乡村仍然无法和城市相比。例如博士在城市中学任职已经不再新鲜，而乡村小学专任教师尚未完全普及本科学历(需要指出的是近年来教育部推行的“免费师范生”制度客观上为中西部地区增添了优质专任教师)，乡村中小学的老师具有高级职称者更是凤毛麟角。在校舍面积上，尽管由于乡村并校减少了学校数目，但是新学校由于扩建往往在校舍面积上占有优势，而城市由于土地面积限制，比较难扩建校舍。但是乡村学校的图书资源、仪器设备等现代设施却远远不及城市学校，同时专任教师教学方法的城乡差距尚未得到缩小。

同样，我国省际高等教育资源的不平衡也有体制的因素。西部地区的高等院校数量相对少，招生数量相对也少，因此，因高考户籍省份的不同而出现差异较大的高考升学机会也是不能回避的事实，包括考入一流大学的入学机会差异。近年来这种由于体制原因导致的教育不公平一直被学界所批评。

事实上，从国家治理现代化的角度看，我国中央政府已经充分注意到了这种现象，而且正在努力通过制度创新和体制改革解决这些问题。

2014 年政府出台了《国务院关于深化考试招生制度改革的实施意见》，进一步明确了高校招生制度改革的指导思想、原则及其任务和措施。该文件指出，“深化考试招生制度改革，为办好人民满意的教育、建设人力资源强国提供有力保障”。其中有两条原则分别是：“着力完善规则，确保公平公正”和“加强统筹谋划，积极稳妥推进”。主要任务的第一项就是“改进招生计划分配方式”，其中第一点是“提高中西部地区和人口大省高考录取率”；第二点是“增加农村学生上重点高校人数”。文件中专门提出，“部属高校要公开招生名额分配原则和办法，合理确定分省招生计划，严格控制属地招生比例”。

其实，自 2008 年起，按照党中央和国务院的要求，教育部与国家发展改革委员会就联合实施“协作计划”，即从每年全国普通高校年度招生计划指标的增量中，专门拿出部分指标分配给那些地方高等教育资源不足、高考录取率低的省份，这些指标的来源则是那些高等教育资源丰富、办学条件较好、录取率较高的省份。在 2008—2016 年间，计划规模从每年 3.5 万上升到 21 万，由此有效地缩小了各省间高考录取率之间的差距。

所以，国家治理体系的改革与创新，是实现教育均衡发展的关键，是确保“人民满意的教育”的根本性保障。可以预见，随着国家治理体系现代化的推进，“人民满意的教育”也将随之实现。

3. 教育的质量与创新

现代教育与传统教育的不同之一在于，高等教育与经济社会的职业需求相连，这也是现代高等教育质量的表现之一。只是当前高校专业设置错位于经济社会需求而一直被诟病，也就是，高校的专业设置对社会人才需求变化反应滞后或前瞻不足。

有统计指出，近几年新专业布点和招生数增长主要集中在管理学、教育学、文学、法学等投入相对较少的学科，其中管理学主要集中在市场营销、公共事业管理等专业，文学类主要集中在英语专业。而实现经济发展战略所急需的工学等应用学科专业的布点数、招生数增长速度相对缓慢。这与目前大量以制造业、原材料、加工装配业为主导的产业不相适应。

如今，社会对人才需求已呈通用化、复合化和跨学科的特征，一些一流的大学已经在实施按照学科门类而不是专业进行招生，培养过程中也注重跨学科的课程设置。但是，我国还有一些高校却在以“扩招”的摊大饼逻辑拼命上“新专业”或调整既有专业，使专业设置越发细化、窄化，使高校几乎等同于职业训练学校。在高等院校大跃进的发展中，全国范围内高校专业设置的趋同现象进一步加剧。在为区域发展服务，尤其是满足区域社会经济发展需要与促进地方特色发展方面，高等学校的能力存在不足。

所以，教育的充分性离不开教育自身的供给质量。相较于均等化或均衡性分析，教育产品的充分性并未在教育研究领域作为一个独立学术概念出现。不过，与此主题相关的讨论却一点都不少，其中最为突出的议题就是呼吁中国基础教育应当从“应试教育”转向“素质教育”，高等教育要建设世界“一流大学”和“一流学科”。教育产品的充分性讨论的是教育质量的更新换代。

2012 年 PISA 测试结果显示上海蝉联世界第一，但同时，上海也获得了另一个“第一”——学生课业负担之重居全球之首。对比同为第一梯队的亚洲其他国家和地区的情况，获得 PISA 第二的中国香港，学生每周作业时间 6 个多小时，是上海的一半；分获第四、第五的日本、韩国，学生每周作业时间仅为上海的 1/4 至 1/3 之间。另据《中国教育发展报告(2014)》收录的关于中小学学生自杀情况的报告显示，学习压力是中小学学生自杀最重要的起因。

中国在向创新型国家转变的过程中，需要更多的创新型人才。应试教育显然无法满足创新型国家对人才的需要，实现全面发展的素质教育，显然是现时代最需要的教育。

为此，党和政府在新的历史时期做出的一项重大战略决策——建设世界一流大学和一流学科，其根本目的在于把我国建成高等教育强国，培养国家发展所需要的创新型人才。2015 年，国务院印发《统筹推进世界一流大学和一流学科建设总体方案》，2017 年 9 月，“双一流”建设高校及建设学科名单公布，其中一流大学建设高校 42 所，一流学科建设高校 95 所。这一计划与之前的“211 工程”和“985 工程”都旨在推进中国向高等教育强国迈进。

从国家治理能力现代化的教育看，“双一流”建设过程中不能产生经济、政治与教育之间的失衡。就经济而言，“双一流”建设主要是国家财政推动的高校教育建设，而高校学科建设极大地受到经济逻辑的主导，学科发展中可能容易注重短期效益，从而导致我们在学科建设过程中急功近利、浮躁短视和肤浅狭隘，甚至违背建设初衷和目标。例如，目前学科建设中产生的“挖人大战”，其实损害了学术共同体的职业伦理。所以，应当调适国家支持与学科自主之间的关系，让学科建设回归知识生产的科学逻辑，更加重视人在学科建设中的核心地位，扭转经济投入重物轻人的倾向。

总之，导致我国教育产品供给不充分与失衡的缘由是多方面的，既有自然环境制约的因素，也有区域经济发展不平衡的影响（自然环境制约与区域经济发展不平衡是根本和基础性的原因，而且需要较长的历史过程才能得以解决），更多的是由于现行教育政策偏差导致的结果。我们需要通过改革和创新，减少现行教育政策的偏差（比如更为有效的教育财政转移支付制度），改变现有教育产品供给失衡问题。这是国家治理能力现代化在教育领域的核心工作。

三、教师尊严的显现：国家治理的重要内容

十九大报告中在论述到“人民满意的教育”时，“倡导全社会尊师重教”。从职业的角度来说，这个世界上有三种职业是非常特殊的：医生、教师、公职人员。尽管这三个职业群体在现实中不时存在着害群之马，但是其群体价值与群体形象却不能被损害和玷污，否则这个社会的超然性道德将无法凝聚。因此尊师重教的传统是国家治理的重要内容，也是“人民满意的教育”的应有之义。

1. 教师的超越性

教师在本质上不仅仅是一份职业，更代表一种超越性（transcendence）的价值。所谓超越性的价值指超越世俗或个体而具有的某种神圣或终极性的价值，通常超越性被运用于宗教或信仰领域中，意指社会群体的普遍性价值信仰。从性质上看，超越性是精神生活的反映，是一种主观建构，是主体的内在主观意象，不全然在现实经验中得到对应或实现，但是它却为现实经验设置了价值目标与精神追求。教师职业的超越性就是指教师传授的并不全然是一些客观的文字知识，而是一种“道德文章”，一种维系共同体所共享的价

值规范与精神动力。

传统中国没有宗教，信仰与精神生活来自于教师的“传道受业解惑”。在悠久的中国历史中，一直有“尊师重道”和“师道尊严”的传统。之所以如此，是因为教师承担着超越性的社会功能，“尊师”是为了“重道”，“师道尊严”是为了“教化”众生。教师的超越性社会地位，甚至使其被提高到与天地、先祖及君主并列的高度，言称“天地者，生之本也；先祖者，类之本也；君师者，治之本也”。先秦儒家的教育名篇《学记》，则把师与道的关系概括表述为“师严然后道尊，道尊然后民知敬学”，“能为师然后能为长，能为长然后能为君”。教师一词不仅仅表述的是一种职业，更是一种儒家世界观中的共同体价值规范与精神追求，教师的崇高地位来自于超越性的“道统”。

2. 教师的职业性及其兴起

当代中国教师尊严的丧失开始于近现代中国的教育体制改革。晚清“废科举、兴学校”拉开了中国教育近代化的序幕，但是，“兴学校”也意味着将教师仅仅降低为职业而丧失了“道统”维系的超越性社会功能。教师仅仅成为职业，一方面使其与政治权力脱钩，教师职业中不存在政府官职的教职，而且政府官员也不必然在学校任教；另一方面随着教育分科与专业化发展，特定的学科知识与教授这些知识的能力和方法使得教师成为专业技术人才，需要专门培训之后才能上岗执教；再者，现代教育强调去价值化的知识传授，摒弃课堂上的价值灌输与行动激励，因此教师仅仅成为知识生产者而不再具有超越性的社会功能。

教师角色的超然性被剥夺之后，教师职业的世俗化成为桎梏，世俗化使教师尊严岌岌可危。职业化是现代社会的必然结果，对现实经验世界的切割而形成的分工导致任何职业都潜在地只具有工具性价值，尤其是在转型社会变迁中，任何职业都会成为政治权力的工具与手段。因为教师的工具性价值，我们将教师视为“螺丝钉”、“园丁”、“蜡烛”、“春蚕”等，颂扬教师的无私奉献。但是，当其工具性不被认可之时，则被打倒批臭，不仅正常的工作权利被剥夺，而且教师的身心人格备受侮辱。教师的工具性或职业性，使其不但无法抗衡来自政治的塑造，也无法抗击来自商业资本的诱惑与吸引。

改革开放之初，世俗化物质欲求的来临使一些教师纷纷放弃教职而拥抱市场新职业，“跳槽”成风。在职业化的今天，如果教师的超越性被视为虚伪，对于国家来说，共同体的文化黏性从何而来?!

教育行政化倾向的日益严重已影响教师的尊严。今天的《教师法》大多着眼于对教师的管理，而缺少给予教师权益与信任，即使有权益也无法全部落实下去。例如，“教师的平均工资水平应当不低于或者高于国家公务员的平均工资水平，并逐步提高”可能并未得到全面落实。在各级各类的教育行政检查下，学校办学权不是掌握在全体教师手里，而是掌握在各级行政部门手里。

强调教师职业的超越性地位，并不意味着作为个人的教师就不会犯错或者教师行业就不能治理，相反，社会中的任何群体与领域都可能出现腐烂现象，任何群体也都可能出现害群之马，在这一点上教师群体与商人、工人并无不同。强调教师职业的超越性，毋宁说，是将教师的超越性社会功能与败坏行为治理的治安或司法属性区分开来。如果教师有违背职业伦理的行为，应当通过治理或司法的渠道加以解决，而不能诉诸公众舆论，如果任由民众大肆吐槽，最终将毁掉教师职业基于超越性而享有的社会声誉与地位。

当前中国教育领域的乱象，正是因为转型中国的制度超载与制度失衡，使教师背负着太多道德责任进而使教师成为制度的“替罪羊”。转型国家的一个特点，是政治权力或制度超载使某个领域的相应职业成为替罪羊，从事该职业的个人成为受害者。中国医疗体制的痼疾使医生成为医闹的受害者，中国教育体制的弊病使教师成为教育事件的受害者。

3. 教师尊严是国家治理的应有之义

教育资源的不充分与不均衡发展导致了“应试教育”，学生之间竞争的白热化使课外补习成为市场需求，各级教育主管部门将频繁考试、排名次公布学生考试成绩、有偿补课列为“违背师德”的行为。那么，学生竞争失败、学校高招本科率、上线率降低是否需要学校与教师担负责任呢？假如说不允许教师为了提高学生的考试成绩而“加课和违规补课，组织频繁考试，排名次公布学生考试成绩”，那么由学生花费额外费用而去参加校外辅导班就算合法而无违师德了吗？

在教育行政部门的“师德红线”下，教师成为市场、家长、学生各种关系中的弱势群体。在优质教育资源有限的情况下，面对教育改革的缓慢，焦虑的家长无处问责，就容易把板子打到教师这里。当前教育领域中充斥着猜疑与互不信任，这种不信任迅速流失着教师的尊严与超越性价值地位。其实，学校管理不善，教师队伍里有害群之马，这些都可以用法律的方式加以解决，而不必用道德审判的方式。

我们需要科学的国家治理，确保教师尊严的体现，这样才能吸引更优秀的人投入到教师队伍中，才能激发广大教师的主动性、积极性和创造性，才能真正办好“人民满意的教育”。这是国家治理必须回应的重要课题。

第八章
管理学视角下人民满意的教育

张端鸿　管理学博士，同济大学高等教育研究所副教授，主要研究方向为教育政策与法规、院校战略与评估

刘　虹　管理学博士，上海理工大学管理学院副教授，主要研究方向为教育政策、教育管理

内容提要

从管理学的视角看，让人民满意的教育要能够满足人民群众的教育需求，要能够符合甚至超出人民群众对教育的期望。人民对教育的期望主要包括：第一，上学不难；第二，上学不贵；第三，升学有道；第四，流动有路；第五，选择丰富。从组织整合性营销的4C理论来看，要实现人民满意的教育，需要符合四点基本要求：一是顾客优先，坚持以人民为中心；二是控制成本，降低人民的教育成本；三是增进便利，提升教育服务便利性；四是促进沟通，理解教育政策和活动。从期望模型的分析框架来看，人民对教育的期望、人民对教育的实际感知和期望之间不一致与最终人民对教育的满意程度直接相关，因此要能够提供让人民满意的教育服务，首先就必须了解人民对教育的期望。就教育的目标导向而言，人民期望教育不仅考虑国家需求，同时更应考虑个人和家庭需求；就教育公平而言，人民期望义务教育阶段的公平能够带

来非义务教育阶段资源配置的相对公平；就教育质量而言，人民期望每个孩子都能享有公平而有质量的教育；就管理效能而言，人民期望政府能够更好地实现教育资源的有效配置，提升教育供给的效率和效益。

办人民满意的教育，既是政府对人民的承诺，也是政府教育管理的宗旨。只有现代化的教育管理与教育治理才能满足提供人民满意的教育的要求。我国教育发展中面临的种种问题，究其原因，多数可以归结为管理效能不高带来的负面影响。有效的教育管理是弥合不满意、不够满意和满意之间鸿沟的关键因素。

一、基于期望与需求理解人民满意的教育

从管理学的视角看，满意和两个核心关键词紧密关联，一是需求，二是期望。简单来说，让人民满意的教育要能够满足人民群众的教育需求，要能够符合甚至超出人民群众对教育的期望。

教育服务包括公共教育服务和商业教育服务。受教育权是人的基本权利，政府要为不同政治、经济、社会背景的公民提供一视同仁的公共教育服务，其根本目的是通过政府的努力，缩小社会差距，促进社会公平，给予不同人群以更加平等的发展机会。这是政府对公共教育服务的定位，也是社会公众对公共教育服务的期望。同时，不同的机构也有提供商业性教育和培训服务的诉求，政府有责任在相关领域提供必要的监管和规制。

从需求的角度而言，人民的教育需求实际上是非常复杂的。通常情况下，能上一所“家门口的好学校”是比较普遍的需求。从管理学学理上讲，这种教育产品包括几个属性：免费（廉价）、优质、均质、近距。但是在这个原生需求的背后，人民还会产生一些衍生需求，包括所享受的教育服务能否更加有利于升学、就业、取得事业成就。很多时候，这些衍生需求能否得到满

足，会反过来对原生需求产生影响。

从期望的角度而言，人民对教育的期望主要包括：第一，上学不难；第二，上学不贵；第三，升学有道；第四，流动有路；第五，选择丰富。

要能够办好让人民满意的教育，需要满足一系列要求。在这里我们借用管理学理论中非常著名的4C理论来进行分析。4C理论是美国著名学者劳特朋教授在1990年提出的关于组织整合性营销的一个理论，这一理论强调以组织所面对的顾客需求为组织采取行动的重要导向，总结归纳了四个基本要素以实现追求顾客满意的组织目标，这四个要素具体是：顾客(customer)、成本(cost)、便利(convenient)和沟通(communication)①。顾客要素强调组织直接面向顾客，必须考虑顾客的需要和欲望，将“以顾客为中心”贯穿于组织活动的全过程，向顾客提供优质服务；成本要素强调组织必须考虑顾客为满足需求而愿意支付的“顾客总成本”，具体包括货币成本、时间成本、精神成本和体力成本等，应努力降低顾客购买的总成本；便利要素强调组织在提供产品和服务时应考虑地区抉择、区域角色、地点角色等因素，尽可能提升顾客的易接近性；沟通要素强调组织为在竞争中保持优势，必须不断地与顾客进行沟通，传递关于服务、价格等方面的信息，并努力影响顾客的态度与偏好，在顾客心中树立良好的组织形象。这四个要素归纳起来其实就是一个要求，即要具备“顾客意识”。

就人民满意的教育而言，因为教育不是普通的产品和服务，而是关系国家和民族前途命运、关系广大人民群众切身利益、具有显著公益性的事业；教育的举办者国家及其事务代理人政府不是普通的组织，而是利用公共权力为公众提供公共服务、满足公众需求和利益诉求的权力机构；人民不是企业组织面对的普通顾客，而是国家和政府需要去维护其权益、保障其利益的重要主体。即便教育存在这样的“特殊性”，但就管理本身所具有的普适性而言，无论是政府组织，还是企业组织抑或社会组织，将自己

---

① [美]唐·E·舒尔茨，史丹立·田纳本，罗伯特·劳特朋：《整合营销传播》，钱大慧、林建宏译，北京：中国物价出版社，2002年。

所服务的对象置于组织一切活动的中心都是非常重要的原则，也是最基本的要求。

基于此，要实现人民满意的教育，就应当符合以下四点要求：

1. 顾客优先：坚持以人民为中心

教育对一个国家的发展而言具有重要的意义。英国学者格林在对英、法、美教育体系的起源进行比较研究后得出结论：教育对国家的形成和发展有至关重要的作用，以美国为例，“一个由讲不同语言、有着不同文化背景的移民组成的国家，这片土地上从来没有建立过国家机构，因此教育对于建立这个国家的民族感来说就更为重要了”[①]。美国学者拉巴里认为教育帮助美国实现了三大目标：民主平等、社会效益和社会流动[②]。民主平等指教育具有政治社会化的功能，是公民训练、传播民主自由共和精神以及促进社会平等的有效途径；社会效益指教育可以提高受教育者个人的竞争力，帮助其获得好的工作、较高的收入以及相关的社会地位，是社会成员获得并保持一定社会地位的有效手段；社会流动指通过教育可以实现社会成员由较低阶层向较高阶层的相对有序流动，从而维持社会的稳定性。

教育的上述价值毋庸置疑，但这并不意味着教育只是一种工具。顾明远先生在探讨“中国教育路在何方”时指出，教育的本质是传承文化和培养人才，教育应当聚焦于人的发展、为了人的发展。遗憾的是，当下的教育充满了过多的工具性色彩。

从宏观的层面来讲，教育要为经济发展服务、教育要为国家发展服务，要通过发展教育以规避“中等收入陷阱”。但是，我们更应该强调教育是为了促进人的发展，是为了传承优秀文化传统。十九大报告提出的坚

---

① ［英］安迪·格林：《教育与国家形成：英、法、美教育体系起源之比较》，王春华等译，北京：教育科学出版社，2004年，第188页。

② David F. Labaree, Public Goods, Private Goods: The American Struggle Over Educational Goals, *American Educational Research Journal*, Spring 1997, Vol.34, No.1, pp.39 - 81.

持人民为中心的发展思想,办人民满意的教育,正是这种当代教育理念的体现。

从微观的层面来讲,在当下转型社会中,教育沦为诸多家长所认为的为孩子追求幸福的工具,甚至是学校追求名誉的工具,所以才会出现个别校长和班主任为了所谓的学校声誉,强行要求学生修改高考志愿填报指定高校。教育的目标和教育的收益发生了反转,原本应是教育发展带来的收益却转而变成了教育本身的目标,而教育的本质应该是为了人的发展这一核心理念却被忽视。必须强调以人民的发展为中心办教育,才能实现人民满意的教育。

2. 控制成本:降低人民的教育成本

要使人民对所享受到的政府提供的教育服务感到满意,一个很重要的要求就是在保障教育质量的同时,尽可能降低人民为教育服务所支付的成本,其中不仅包括经济成本,也包括时间、体力等其他成本。降低教育成本的要求和教育的公益性特征密切关联。

对政府而言,基于其在教育公共服务提供中的角色和职能,基于教育公益性在维护社会公平、保持社会稳定、帮助弱势群体生存发展等方面的作用,无论是义务教育还是非义务教育,公益性都是政府办教育时必须首先遵循的基本原则。《国家中长期教育改革和发展规划纲要(2010—2020 年)》明确指出,坚持教育的公益性和普惠性,保障公民依法享有接受良好教育的机会。但在现实中,教育公益性常会和非营利性教育、营利性教育等概念混杂在一起,导致产生混乱。

2015 年《中华人民共和国教育法》修订过程中删除了原先第 25 条中规定的“不得以营利为目的举办学校及其他教育机构”,增加规定“以财政性经费、捐赠资产举办或者参与举办的学校及其他教育机构不得设立为营利性组织”,其主要目的是更好地区分非营利性教育和营利性教育,从而厘清在讨论教育公益性和非营利性教育时不同的概念范畴和场域。

教育的公益性决定了在我国政府作为主要的教育举办者，必须承担起相应的教育责任，首先要做的就是不断加大对教育领域的资金投入。从2017年5月教育部发布的《2016年全国教育经费统计快报》中显示的情况来看，国家财政性教育经费占国内生产总值(GDP)比例为2012年以来连续第5年超过4%，从纵向的自身比较情况来看，中国政府三十余年间的公共教育经费投入无论是在总量还是在国内生产总值占比方面都整体呈现不断上升的发展态势；但从横向的国与国之间教育投入情况比较来看，根据世界银行官网统计数据显示，全球2015年公共教育支出占GDP比重的平均值是4.7%，同年中国政府公布的公共教育经费支出占比为4.26%(具体如图8.1所示)，不仅远低于丹麦(8.6%)、瑞典(7.7%)和挪威(7.4%)等北欧福利国家，也低于南非(6.1%)、巴西(6%)和越南(5.7%)等国。同时，虽然公共教育经费一直看涨，但同期国家不同层次的学历教育整体保持了较大的数量规模以及相对稳定的增长发展态势(具体如表8.1所示)。

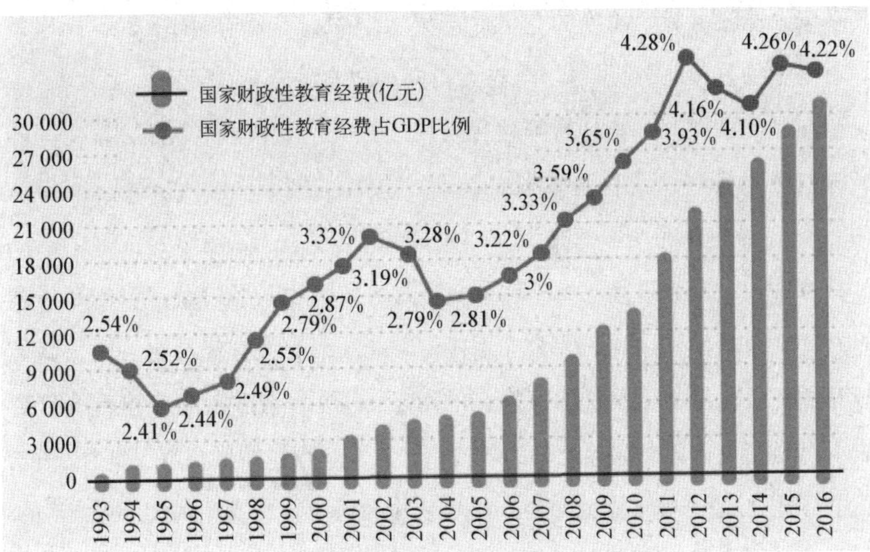

图8.1　1993—2016年国家财政性教育经费占GDP比例

(数据来源：教育部官网、国家统计局)

表 8.1　2011—2016 年各级各类学历教育规模(万人)

年　份	高等教育	高中阶段	初中阶段	普通小学	学前教育
2011	3 167.0	4 686.6	5 066.8	9 926.4	3 424.4
2012	3 325.2	4 595.3	4 763.1	9 695.9	3 685.8
2013	3 460.3	4 369.9	4 440.1	9 360.5	3 894.7
2014	3 559.0	4 170.7	4 384.6	9 451.1	4 050.7
2015	3 647.0	4 037.7	4 312.0	9 692.2	4 264.8
2016	3 699.0	3 970.1	4 329.4	9 913.0	4 413.9

(数据来源：教育部官网 2011—2016 年《中国教育概况》)

与我国的教育规模相比，政府的公共教育经费投入依然处于较低的水平，同时受困于国家财政性教育经费使用过程中的诸多限制，国家投入到教育事业中的经费大量使用在基础设施建设相关领域，真正花在教师和学生身上的占比非常低，直接导致人民实际享受到的教育公共服务质量不高。

在义务教育阶段，如果家长希望孩子获得更高质量的教育服务，以保障其在未来非义务教育阶段的竞争性选拔入学中占有优势，则不得不诉诸教育市场中的其他服务提供主体，转而投向高成本的营利性教育。

在非义务教育尤其是高等教育阶段，自 1999 年高校扩招以来，我国的高等教育规模进入了快速增长的阶段。根据教育部相关数据统计显示，1999 年高等教育毛入学率仅为 10.5%；2002 年这一数据首次达到 15%，高等教育进入大众化阶段；2016 年这一数据增长至 42.7%；预计到 2019 年高等教育毛入学率将达到 50%以上，中国将进入高等教育普及化阶段。高等教育的普及化发展得益于国家投入的增长，但更与诸多家庭分担高等教育成本息息相关。教育部等公布的《2016 年全国教育经费执行情况统计公告》显示，全国普通高等学校生均公共财政预算教育事业费支出为 18 747.65 元，即便是在中西部地区高校就读，一个家庭每年为子女就读支付的学费和住宿费等相关费用也达 5 000—6 000 元。不够合理的高等教育成本分担机制阻碍了人民满意的教育的实现。

3. 增进便利：提升教育服务便利性

便利原则主要考虑人民群众在享受教育服务时的地块抉择、区域角色、地点角色等因素，在教育服务提供的过程中应尽可能提升教育服务机构与受教育者之间的易接近性。在人民群众考虑求学问题的时候，“离家近”是一个非常重要的考量因素。

教育系统能够更大限度地提供“家门口的好学校”，是为人民群众提供便利的重要努力。免试就近入学既是一种弱化教育系统筛选功能的政策举措，也有助于提供“离家近”和“免于考试压力”的便利性。但是，从人民群众的反馈来看，这个政策却产生了两种“不便利”。对于非学区内家庭而言，孩子一开始就被强制剥夺了择校的可能性；对于学区内的孩子而言，也有可能因为入学报名人数过多，而被调剂到学区以外去就读，从而丧失“离家近”的便利。

户籍、产证、落户时间、居住时间等因素往往会成为孩子能否获得学区内入学机会的关键变量。这些因素冲击着教育公平，也冲击着人民群众受教育的便利性。以城市流动人口子女的教育问题为例，这一问题始终是社会关切的一个重要问题。《关于进一步做好进城务工就业农民子女义务教育工作的意见》中要求流入地政府做到随迁子女与城市学生一视同仁，但对于什么是一视同仁以及怎样做到一视同仁却缺乏明确规定。实际上，各地对随迁子女设置了种类繁多的入学门槛，大致包括三类：积分制模式、优惠政策模式和材料准入模式。[①] 无论是哪一种入学门槛，都不利于随迁子女享受便利的教育服务。

4. 促进沟通：理解教育政策和活动

沟通遍及教育活动的方方面面。教育系统从部长、局长、处长、科长，到校长、院长、教研室主任、教师，把大部分时间都花在了沟通上。例如，国家、

---

① 雷万鹏，汪传艳.农民工随迁子女“入学门槛”的合理性研究[J].教育发展研究，2012，(24).

地方和学校都出台了各类信息公开管理办法，力争做到及时向学生、家长和社会公众公开各类教育信息。学校也通过设立家长委员会等方式，努力构建家校沟通的有效渠道。

但是，教育领域有效的沟通显然还不够，人民对教育政策、教育活动的理解，主要的出发点是基于自身利益的博弈，而不是顺应教育政策和教育活动的目标设定。例如，从更加深刻的经济、社会背景来看，绝大多数中国家庭夫妻双方都进入劳动力市场才能支撑整个家庭的开支，但是学前教育的政策设计却很少考虑家庭在这方面的实际困难。

二、基于期望模型建构人民满意的教育

期望模型的全称是"期望-不一致模型"(Expectation-Disconfirmation)，是西方顾客满意模型中的一种，主要关注顾客满意的形成机制。顾客满意的相关研究兴起于20世纪70年代，其理论依据是社会心理学和组织行为学，最早可以追溯到1972年Olshavsky和Miller发表的《顾客期望、产品绩效与感知产品质量》，以及1973年Anderson发表的《顾客不满意：期望与感知质量不一致的效应》，这两篇论文构建了"期望-不一致模型"的基本框架，形成了期望模型的基础。[①]

期望模型中有三个基本的变量，即期望、不一致和满意，这一模型认为满意的形成包括一个两阶段的过程，第一个阶段主要和顾客的"期望"相关，并形成某种程度的"不一致"，第二个阶段根据第一个阶段的不同状况形成不同的顾客满意状况。具体来说，在第一个阶段中，顾客会在购买前对产品和服务的收益和效用形成一定的"期望"，在实际购买行为发生之后，顾客会将使用消费产品的真实感受和购买之前的期望进行比较，比较产生的结果形成某种"不一致"。在第二个阶段中，顾客会根据第一阶段所形成的"不一

① 李梅. 西方顾客满意理论研究的回顾和本土化评价[J]. 现代管理科学，2007，(2).

致”的状况做出不同程度的“满意”或“不满意”的反应：当“不一致”为零时，即顾客的真实感受和前期期望相吻合，则产生“适度的满意”（Moderate Satisfaction）；当“不一致”大于零时，即顾客的真实感受超乎前期期望，则产生“满意”；当“不一致”小于零时，即顾客的真实感受低于前期期望，则导致“不满意”。

从期望模型中可以发现，顾客期望和顾客评价之间有非常密切的关联性。一般而言，如果顾客对产品或服务的期望值高，同时实际感知状况又比较好的情况下，顾客对产品和服务的满意度就会高。但在另一种情况下，如果顾客的期望值高但实际的感受与期望之间有较大差距的时候，顾客的满意度就会偏低。当然也会有一种情况是顾客对产品和服务所抱期望不高，但实际感知远超预期，这种情况下顾客的满意度也会较高。但在现实中，多数情况下顾客都会对产品和服务抱有相对较高的期望。

1. 人民与国家教育目标的期望

国家办教育可以有两种导向，一种是个人本位，一种是社会本位。个人本位主张根据个人发展的需要确定教育目标和开展教育；社会本位主张根据国家利益、社会需求来确定教育目标和开展教育。当人民作为单个的个体时，他们期望的是一种个人本位的教育观，他们更加希望教育服务供给是基于个人和家庭而展开的。

但教育的公共使命要求国家办教育也要考虑国家利益、社会需求。人民对教育的期望是个人本位的，但教育本身又是社会本位的，当教育过于追求国家利益和社会需求，甚至过多地迫使个人需求向国家利益和社会需求让位，个人和家庭对教育目标导向的感知就会出现一种预期落差。

从根本上而言，教育的个人利益和教育的国家利益应当是一致的，机械地强调教育的国家利益和社会需求，对教育的个人利益造成过多地挤压，就会导致人民对教育的不满意。

2. 人民对教育公平的期望

人民是否满意，参照基准如何选择非常重要。如果采用绝对主义的公平观来要求教育公平，就会在“公平洁癖”观念的支配下，彻底对我国的教育公平失去信心。如果总是照搬发达国家的教育质量基准来对我国教育质量进行评判，就很难对我们的教育质量达到满意的状态。

总体而言，如今的家长普遍认为从纵向比较的角度来看，如今公办义务教育所提供的教育服务跟过去十多年相比已经取得了卓越的进步，对孩子所在公立学校所提供的教育服务总体表示比较满意。但是，很多家长也认为，这种满意并不“解渴”，家长的痛点在于越来越人性化、科学化的中小学校教育与竞争越来越激烈的中考、高考压力之间所产生的悖论。重点高中和重点大学是公共财政投入为主的，就应该对社会各个阶层提供平等的入学机会。

但现实是义务教育阶段民办教育通过打擦边球，大行应试教育之道，在部分城市垄断了很高比例的优质高中入学机会。而在另外一部分城市，义务教育阶段的民办教育发展相对滞后，一部分优质公办初中则垄断了很高比例的优质高中入学机会，而优质初中的入学机会则是通过高价学区房来获取的。

这就出现了社会资本和商业资本对公共教育资源配置的挤压效应。公共教育服务的均等化，并未能带来人民对教育的满意。人民对公共教育资源的需求不仅仅停留在义务教育阶段，人民同样希望能够在非义务教育阶段享受到更公平、更高质量的教育服务。如果义务教育阶段的均等并未能相应带来更高阶段教育资源的相对公平配置，则容易导致人民产生一种比较强烈的相对剥夺感，人民会感到自己对公共义务教育服务的信任却导致了自己的孩子一步步失去享受更高阶段优质公共教育的机会。

从我国当前的基本国情来看，基本公共教育服务的均等化程度仍然面临比较大的挑战。当前，高中教育和高等教育并非义务教育，并且公办优质高中和公办重点大学在优质初中后教育中居于支配性地位。学生获得优质高中和重点大学入学机会仍然需要通过激烈的竞争，义务教育阶段越减负，商业性的教育培训就会越繁荣。

择校热表现为两种倾向，一是优质公办学校择校热集中表现为学区房购买热；二是民办学校择校热集中表现为应试教育培训商业化，抵消了政府“减负”政策的效应。因此，社会公众对义务教育的期待不仅仅是当前政府所界定的“优质和公平”，关键在于义务教育能否给各种不同人群提供相对公平的优质公办高中入学机会。

3. 人民对教育质量的期望

较长一段时期以来，我国的教育投入比较有限，但对教育普及、教育公平和教育质量目标的追求则是无限的。短期内，在教育公共投入不足的情况下，通过个人和家庭的成本分担虽有效促进了教育普及的程度，但在追求普及和公平的过程中，有时是以牺牲质量为代价的。因此，十九大报告才明确强调，“努力让每个孩子都能享有公平而有质量的教育”的教育发展目标。

用历史的眼光来看，随着人民物质文化生活水平的不断提高，人民对子女的教育逐步呈现“不断升级和个性化”的特征。随着相当一部分民众生活水准的提高，他们开始期盼具有“贵族教育”特征的高端教育，以及能够跟国际上顶尖教育相媲美的国际教育。公共教育系统目前所能提供的教育与公众的这些期盼之间还存在比较大的落差，因此应需而生了各类民办学校和国际学校，以满足这类人群的消费诉求。

4. 人民对教育管理效能的期望

教育管理效能的高低是制约人民对教育是否满意的关键因素。随着我国连续五年的公共教育投入占 GDP 比重达到 4%以上，人们普遍感受到了政府在提高教育服务水平方面所做的努力，但从管理效能的实际状况来看，依然难以令人民群众满意。

就基础教育而言，由于中考、高考“指挥棒”的因素，学生在学校系统内部的学业压力一直比较大，不利于创新人才培养。多年的“减负”政策推行下来，导致的结果是学校系统内部的筛选功能减弱，校外教育培训机构逐渐成为学生和家庭应对筛选的重要渠道，这本质上是家长对持续“减负”政策的一种“用脚投票”的回应。因为很多家长认为，仅仅依靠现有公办学校所提供的公共教育服务，很难帮助自己的孩子提升择校竞争力，因此不得不在学校以外购买价格高昂的教育服务和产品。

就高等教育而言，人们比较普遍的直观感受是随着高等教育规模的不断扩张，高等教育的质量呈现出一种下降的趋势，换言之，人民群众认为“大学文凭的含金量在贬值”。在国家重点建设世界一流大学方面，尽管指标和排名在不断上升，但是人民群众看到的现实却是，中国顶尖大学的教师子女是出国留学最积极的人群之一，这在相当程度上印证了人民群众对中国高等教育质量欠乐观的看法。

整体而言，人民对教育目标、教育公平、教育质量和教育管理效能等方面的期望，跟现实中人民的切实感受之间存在相当程度的差距，这种差距导致了两者之间的比较所产生的“不一致”小于零，进而使得人民对教育的满意度整体不高。

三、办人民满意的教育的四个建议

办好人民满意的教育，前提是关切人民的需求、人民的期望。

1. 树立顾客导向，办人民本位的教育

人民满意的前提是人民本位。公办教育应当进一步树立顾客导向的理念，基于多样化的人民群众受教育需求，调整公共教育服务体系。党的十九大报告强调，要“推动城乡义务教育一体化发展”，“努力让每个孩子都能享有公平而有质量的教育”。“公平而有质量”是几届政府持续努力的义务教育目标。

《国务院关于深入推进义务教育均衡发展的意见》中明确了地方各级政府的责任，并提出推进义务教育均衡发展的基本目标是："每一所学校符合国家办学标准，办学经费得到保障。教育资源满足学校教育教学需要，开齐国家规定课程。教师配置更加合理，提高教师整体素质。"人民对公平的直接感知实际上就是机会的均等。

真正基于人民本位，政府就应该跳出义务教育看义务教育。死守义务教育内部的均衡实质上是对人民真正需求的脱离。从人民本位出发，尊重并理解人民对教育的期待不仅仅是义务教育内部的基本质量，更是孩子在义务教育学校中的九年学习获得的优势是否能够延续发展为中考、高考的竞争优势。

2. 回应人民期待，突出公办教育优势

从当前我国政府的努力来看，公共教育的政策取向是：坚持义务教育的公益性和普惠性，加快基本公共教育服务均等化。同时，鼓励引导社会力量兴办教育，让整个教育服务体系能够满足更多差异性的需求；公办学校的"减负"和"均衡"教育政策试图在教育系统内部推迟筛选，并且将教育从考试中解放出来，从而实现强化育人功能，弱化筛选功能的目标。在这种理念的支配下，主体的公办教育就会陷入"保基本"的误区之中，导致失去进取心和活力。

在笔者持续开展的调研当中，公办中小学校长已经对此深感忧虑。在这种思维误区下，高价学区学校和民办学校受经济和商业因素的影响，过分追求教育卓越或功利性升学，而绝大多数公办学校则会因此而陷于平庸。一旦经济因素支配教育规则，整个教育无可避免会陷入教育公平的陷阱之中，即整个公办学校系统在不断追求人为均等的过程中，陷入整体性平庸，从而最终导致经济和商业因素成为中考和高考入学机会的主导因素。

长此以往，公办教育的主体地位将会岌岌可危。因此，真正回应人民期待，就应该正视教育系统的育人和筛选双重功能，将最主要的筛选功能继续保留在教育系统内部。

3. 发展民办教育，提供多样化选择

改革开放以来，民办教育的不断发展壮大有效增加了教育服务供给，为推动教育现代化、促进经济社会发展作出了积极贡献。但也必须注意到，民办教育发展中仍然存在诸多问题。

一是在义务教育阶段，部分民办学校逐利倾向明显。家庭间的跟风攀比导致非理性入学竞争，甚至出现部分民办学校和营利性培训机构合谋逐利的情况。在上海、杭州等地出现了家长对民办学校趋之若鹜的情形。如果说，20 年前，大城市家长更加重视素质教育，农村家长更加重视应试教育；那么 20 年后的今天，农村家长依旧重视应试教育，大城市家长也转而在应试教育上有了巨大投入。

《民办教育促进法》确定了营利性与非营利性民办学校分类管理的法律框架，"不得设立实施义务教育的营利性民办学校"，这本质上就是对营利性教育服务供给失序的一种重要干预措施。总体而言，国家应该进一步发展民办教育和商业教育培训，满足人民多样化的教育需求，但底线是民办教育和商业教育培训不能冲击教育公平，在繁荣发展的同时，必须做到规范化发展。

4. 激发学校活力，推进基层创新发展

首先，需要重视在基础教育领域的投资，尤其是对教师的投资。

目前，我国财政性教育经费投入仍存在重高等教育、轻基础教育的问题。考虑到高等教育是个人收益较高的教育领域，高等教育的公共产品属性相对较低，属于个人收益程度较高、外部性程度相对较低的准公共产品，应适当提高个人和企业分担高等教育成本的比例。与之相对应，政府财政的投入重点应更加倾向于基础教育。基础教育的人员经费投入占比应在 70%左右，目前仅有 30%。真正优质的教育资源必定是投给教师的，提高教师工资待遇，真正使教师拥有全社会羡慕而尊重的职业地位，同时，在新教师培养和在职培训方面加大投入，使广大教师有获得感、幸福感和事业成功感。

其次，切实落实学校办学自主权，发挥学校自主创新的潜力。

人民满意的教育是由一所又一所具体的学校提供的。“一个好校长，就是一所好学校。”校长是学校的灵魂，校长的办学思路、教育行为、管理行为和风格等对学校工作产生直接的全局性影响。人民对教育的满意是通过对一所所学校的满意来达成的。只有越来越多的学校令人民满意，才有可能最终产生令人民满意的教育系统。例如，在教育经费使用与管理上，可以以整体口径划拨到学校，大幅减少教育行政管理经费所占专项经费的比重。只有将教育资金成块下达到学校，让校长根据办学需要，拥有统筹支配的权力，才能更好地提高经费的使用效率与效益。

最后，要增进不同相关利益方的沟通，完善教育信息公开制度。

顺畅的沟通对办好人民满意的教育而言意义重大。沟通具有丰富的层次性。一是有效促进国家教育行政人员与人民群众的有效沟通，这属于政治沟通、行政沟通的范畴。二是各级各类学校与学生、家长之间的沟通，这属于办学主体与客体之间的信息沟通，需要进一步促进家长委员会、学生委员会的作用发挥。三是各类第三方专业组织或非政府组织为代表的专业性信息披露和专业性评估，这是构建教育系统与社会之间沟通渠道的关键环节。

“办好人民满意的教育”本质上来讲是一个管理学的命题，就是要通过有效的教育治理与管理，提高教育的质量和效益，满足人民群众“不断升级和个性化”的教育需求。[①]当前，已经超越了靠普及和扩大规模为主要手段来满足人民需要的时期。在新时代，必须要靠政府治理方式和手段的优化，进一步提升治理能力，推动各级各类学校和各类教育机构不断优化教育品种、

① 陈子季. 努力办好人民满意的更高质量、更加公平的社会主义现代化教育——论习近平总书记教育思想的三个维度[J].国家教育行政学院学报，2017，(2).

品质和品牌。办好人民满意的教育,必须重视对人民需求、人民期望的回应,真正以人民为中心,不断降低人民的教育成本,不断提高人民接受教育的便利性,不断完善与人民之间的沟通渠道,促进教育公平,提升教育质量,提高教育管理效能,办以优质和公平为核心的真正的"好教育"。

第九章
人民满意的教育促进社会均衡发展

文　军　华东师范大学国家教育宏观政策研究院博士生导师、社会发展学院院长、社会学系教授，华东师范大学-纽约大学社会发展联合研究中心（上海纽约大学）主任
主要研究方向：社会学与社会工作理论、社会发展与社会政策、应用社会学等
罗　阳　华东师范大学国家教育宏观政策研究院博士生
研究方向：教育决策与政策分析、教育社会学等

内容提要

从教育与社会发展的内在关系出发，教育有着举足轻重的地位。良好的教育不仅能够促进经济发展，推动政治民主进程，而且也是社会文明和精神文化的支柱。对个人而言，教育是个体进入社会，适应社会的基础。

习近平同志指出："教育决定着人类的今天，也决定着人类的未来。"进入新时代的中国，随着经济发展与社会转型的持续进行，社会经济结构也在不断优化、更新。

进入新时代的中国人民有着新时代的显著特征，而好的教育就是要以人民为中心，让人民满意，这需要全社会共同参与，不断优化教育结构，合理配置教育资源，维护教育公平公正，从而最终促进社会的均衡发展。

从社会学角度来看，教育自古以来就是社会中的教育，不能与社会分离而独立存在。教育存在于各种不同类型的社会中，其形式非常多样，不仅有正式的学校教学，也有非正式的家庭教育，如父母长辈对晚辈的言传身教。它存在于农耕时代，也同样存在于后工业社会。从农村到城市，从幼儿到老人，教育不仅跨越地区，而且贯穿人生历程。

现如今，城市里孩子不用再担心“上学难”的问题，而“上好学”成为他们最关心的热点。反观乡村中的孩子，由于优质教育资源的相对缺失使得“上好学”成为他们的一种强烈愿望。这其中有着复杂的社会因素，多个层面都存在教育发展的不平衡不充分，如何在发展的同时兼顾社会公平，促进教育公平，是新时代“人民满意的教育”亟待解决的难题。

从 1978 年到 2016 年，中国城镇常住人口从 1.7 亿人增加到 7.7 亿人，城市化率从 17.9％上升至 57.35％，如果从 1978 年算起，中国从一个具有几千年农业文明历史的农业大国，进入到城镇化中级阶段（指城市人口比重在 30％—70％之间）只用了 33 年。社会转型不断加快，教育也在不断发展，所形成的教育政策变成精英阶层的固化工具，还是用以满足人民的共同需求？这已成为备受社会学家关注的焦点议题之一。社会的存在离不开教育，就像人活着离不开大脑和心脏一样，教育为社会的各个“器官”输送新鲜血液，这种将社会看作生物的类比便是社会学创立之初常用的功能主义解释方法。在社会学者看来，社会永远离不开参与社会中的人，教育也最终是要落实在人的身上，所以评判是不是“人民满意的教育”也是判断教育好与坏的最直接标准。

一、人民满意的教育首先要以人民为中心

教育是人民群众最关心的问题之一，是重要的民生问题，关系到人民群众的获得感和幸福感，以“人民满意的教育”为本位体现出了人民群众的主体性，这就要求我们必须要以“人民为中心”进行思考与决策。

1. 人民的权利

“以人民为中心”充分体现了马克思的人民主体性思想。坚持以人民为中心，是马克思主义政党的根本政治立场，也是马克思主义政党同其他一切党派的根本区别。因为“人民”不仅是推动社会历史发展的主体，也是社会经济发展的根本动力。此外，从国家与人民的关系来看，国家作为现代政治的产物，其重要的使命就在于保障人民的生存与发展权利，倡导理性化的公共文化精神，培育具有主体性和进取精神的现代公民。

人民不是单向度被治理的人口对象，而是积极参与社会经济发展的现代公民，国家的“人民意志”取向普遍成为现代国家政治制度和法律最核心的价值。坚持“以人民为中心”的发展理念也正体现了现代国家的政治精神和社会责任。而教育不仅仅能促进现代国家这种政治精神和社会责任的成长，更重要的也是现代公民获得公共理性，实现自我发展的必要手段。所以，教育发展的成果必须为人民所共享。

随着我国社会经济的快速发展，人民对美好生活的需求日益增长，关于教育的需求同样不断变化。而要满足这种需求，我们至少面临着两个方面的挑战：一是教育需求差异化和多样化，不同群体的需求不一样，我们要满足这种多样化的教育需求；二是教育需求高级化，人们对高质量教育的需求会随着社会经济的发展不断增多。

从我国现实情况来看，我国正处于城镇化、工业化、信息化的现代化进程中，怎样培育为数众多的高素质基层从业者是教育的基本任务，也是各行各业维持发展的人力资源保障。所以，教育需要满足不同年龄、不同家庭背景、不同民族、不同地区、不同专业兴趣的人民的需求，还需要为社会分工做好筛选，满足来自不同职业、不同行业、不同产业的多样化需求。

在社会对高质量教育的需求方面，大众渴望科学的教育方法，学校期待科学的考核方式。唯分数评判学生，纯粹用升学比率考核学校的情况屡见不鲜。制度需要改革和创新，教育资源的总量仍然不足，目前各层次的教育质量还不能很好地适应人民群众对优质教育的要求，不能满足我国“大众创业，万众创新”的创新型国家建设的需求，人才培养模式有待完善、水平有待提高，学生的创新精神和实践能力均相对薄弱。

对此，我们要从整体上予以把握，唯有坚持以人民为中心的发展思想，才能办好人民满意的教育。这不仅体现在国家教育政策的制定和实施中，而且也要在具体的教育工作中予以落实，切实地把最广大人民的利益和需求放在首位，从而真正体现以人民为中心的发展思想。

2. 教育的主体

在政策制定和实施中，除了考虑受教育者的需求，施教者的需求也同样重要，因为教育过程要想完成既定目标，各种参与其中的主体都要有效发挥作用。从社会学的视角来看，我们可以将教育视为社会系统的一个子系统，教育系统内部也有复杂的结构特征，多角色共同参与其中便是特征之一。

按照社会学家考夫曼的拟剧法(Dramaturgical Approach)，学生、教师、家长等多方都在教育这一“剧场”内扮演着不同的角色，而每个人的自我角色呈现都会影响着他人。比如，教师对学生的期望就对学生在学校中的表现有着重要的影响。依据符号互动论的观点，社会学家通过观察教师与学生之间的互动过程，从微观视角来分析学生如何向老师表示自己是“好学生”的行为，学生以此吸引老师的注意，而教师也会更加关注这些学生，从而影响到学生的最终学业成绩。可见，教师对于学生的满意度直接对学生的学习产生影响。不仅如此，教师对于教师职业怎么看待，对于自身工作的满意度和认可度也非常关键。

曾有新闻记者对多地中小学进行调查，发现绝大多数学校均不同程度地存在男女教师比例失衡的现象，较为严重的学校男女教师比例达到了1∶10，有分析认为，教师收入水平较低、工作繁忙、责任重、社会对男教师认同感低是这种现象的主要原因。男教师的缺少不仅对学生教育与学校管理都存在一定程度的影响，而且也反映出社会对教师职业存在偏见。人民满意的教育必须考虑教育系统中相关人员的整体满意度。教育系统内的不同角色所追求的价值观有共同点也存在差异。教育系统需要通过具体的制度安排去调和其中各种各样的结构性差异，通过有机的社会互动促进教育系统中相关人员的共同价值观的发展。能让学生、教师、家长等多方都感到满意的教育，才能称作“人民满意的教育”。

二、人民满意的教育要传承人类社会文明

从功能主义的观点出发，教育在社会运行过程中发挥着重要的功能，有利于社会的稳定与良性发展。教育的最主要功能就是通过传授知识与技能，传播文化与价值观，从而传承人类社会文明。文明使社会发展成为可能，教育通过传承文明与社会发展产生联系，二者相互影响，共同发展。社会在发展，教育也在其中，如果教育不能为社会发展中的问题提供解决方案，那么就说明教育与社会都出了大问题。

1. 教育需要正视社会现象

在互联网急速发展的今天，我们常常依靠网络交换各种信息，尤其年轻的学生群体更是有闲暇时间就拿起手机“上网”的“低头族”，教育甚至不再是他们知识来源的主要途径。信息大爆炸、知识碎片化，都是我们这个时代的特点。但是，这一类新事物也带来了新问题，互联网成了传播甚至散布有害价值观的主要平台。对我们而言，个人主义、拜金主义、享乐主义似乎已经司空见惯，而一些新的社会现象常常令人大吃一惊。

2017 年 10 月，一个 14 岁的女孩在网上发布自己怀孕的视频，其中的言语还带有炫耀的倾向，更使人瞠目结舌的是，竟还有不少中小学生认为这是一种“炫酷”的潮流。网络平台不仅传播这些不良文化，更为严重的是，随着全球恐怖主义形势变得复杂，“独狼式”恐怖袭击似乎正在成为一种主流，一些不良网络甚至在传播极端的宗教思想和恐怖主义。在这样一个信息大爆

炸的时代,主流价值观要怎样有效应对?教育又应当发挥怎样的作用?这些问题值得人们深思,如果教育视而不见,那么未来社会的走向着实令人担忧。

社会学一直很关注这些现实问题。涂尔干就是以社会学实证方法来研究教育问题的先驱,在他看来,教育最为重要的是向下一代传递价值观。他认为儿童在学习历史的过程中,逐步理解社会的共同价值观怎样将互相分离的个体统一在一起。这种共同价值观既包括宗教信仰和道德信念,也包括一种对"自我纪律"(self-discipline)的认识。

党的十九大报告提出:"加强思想道德建设。""广泛开展理想信念教育,深化中国特色社会主义和中国梦宣传教育,弘扬民族精神和时代精神,加强爱国主义、集体主义、社会主义教育,引导人们树立正确的历史观、民族观、国家观、文化观。"教育在传播价值观方面的作用是其主要的功能,也是道德教育的基础,通过这种教育,儿童明白了应该遵循什么样的社会规则,应该像"大人"一样行动,而不是随意宣泄自己的情绪,应该具有一定的责任感,而不是像个"孩子"一样继续行动,并不断将这些社会规则内化到自己的行为中去,以至于后来不假思索地遵守。

2. 教育具有社会化功能

教育具有基本的社会化功能,它把一无所知的儿童,变成社会中的人。而帕森斯则进一步推进了这一思想,他明确指出了学校存在的必要性是:儿童需要的是这种具有共同性质的价值观,而不是家庭内的特殊主义的价值取向,所以学生需要到学校里去学习,从而接受普遍主义的培养,学校通过统一的标准化考试,对教育的结果加以衡量和考核。

现如今的学校已不仅仅只提供学校内的教育,为了倡导校内教育与校外教育相结合,弥合非正规教育与学校教育的分裂状态,我国教育部门正在进行名为"研学旅行"的新尝试。2016 年,教育部发文要求将"研学旅行"纳入中小学教育教学计划,并加强相关配套基地建设,规范组织管理,这也显示了教育部门正在转变育人思路和发展理念。

除了价值观，工业社会的教育还需要对儿童进行专门行业所需的技能培训，传授相关的专业知识，每一代人都需要训练下一代人担当群体内的重要职位。这就要求教育内部进行分轨，并且最终为社会分工做好预备工作。需要尽量避免的是，社会变成像兰德尔·柯林斯所指出的一样，成为“文凭社会”，招聘方仅仅根据学校的好与坏直接判断个人的能力，而对于没有“好”文凭的人来说，则少了块敲门砖，只能被拒之门外。

早在2013年，教育部就发文严禁招聘方发布含有限定985高校、211高校等字样的招聘信息，但屡禁不止的招聘公告中的歧视性条款还是不能遮掩我们的社会可能已经变成“文凭社会”的事实。这不仅会使受教育者感到不公平，也影响了教育传递知识的本质属性，教育成为“文凭社会”中人们利益角逐的工具。

如何改变这一现象呢？或许重新追寻教育的本质，重建教育的人民主体性才是最应提倡的。教育是社会发展的基石，给大众提供反思能力与批判性思维，为现存社会提供基础，为将来的社会做好准备。学校教育为越来越多的现代角色提供所需要的文化内涵。它还提供合法的、最为本质的基础，把人们分配到各自的角色中去，无论是职业的还是经济的、政治的或是组织的，甚至是个人的、家庭的。对于所有这些角色而言，通过教育而实现的社会化以及职业训练可以说均为其提供了根本的文化内容。

十九大报告提出，在坚定文化自信，推动社会主义文化繁荣兴盛方面，“要培育和践行社会主义核心价值观”，“要以培养担当民族复兴大任的时代新人为着眼点，强化教育引导、实践养成、制度保障，发挥社会主义核心价值观对国民教育、精神文明创建、精神文化产品创作生产传播的引领作用，把社会主义核心价值观融入社会发展各方面”。

所以，应该给教育的文化与价值观传播留出足够的空间，而不是一味地强调实用的技能培训，一味注重文凭的功利色彩。人民满意的教育对知识、文化、技能与价值观同样重视，以此发挥社会化的协同作用，促进社会发展。

三、人民满意的教育要发挥社会整合功能

今日的中国社会正呈现出个体化趋势不断加强的态势，这一变动趋势源自中国社会本身的不断流动和分化。可以说，当代中国的社会分化在各个领域中都表现得异常活跃，这是对传统“总体性社会”的不断突破与超越。

1. 实现自我与社会平衡

在社会学家眼中，现代社会将人撕裂为碎片，将个人从集体主义的阵营中直接推向了更广阔的社会，成了一个个在社会的海洋中自谋出路的主体。个体对家庭和集体的依附以及相应的家庭和集体对个体的庇护都已经不复存在了。个体的身份也不再由某个集体来界定，单位制下的身份认同在一定程度上得到了消解。用社会学家埃利亚斯的话来说就是“自己在自我规范和社会责任中重新建立平衡”。个体在这样的社会结构中求同存异，在一致中塑造自我个性。

在这样一个“个体化社会”中，人如何在自我与社会中找到平衡点，教育发挥着极其重要的功能。这不仅需要一个更有包容性的教育体制，引导人们从消解中建构自我，而且需要人们对教育的正确认识。

杜威说，教育乃是一个抚养、培养和教养的过程，通过各种无意的和计划好的机构，社会把蒙昧和似乎异己的人改造成为它自己资源和理想的托管者。所以，在个体化社会中，教育可以促进个人在政治上的团结，在思想上发挥一定的社会整合功能。教育可以增强人们对国家和政治的认同感，无论社会结构和政治文化发生何种改变，加强政治认同始终是思想政治教育的关键环节与核心内容。政治认同不仅为一国经济、社会稳定发展奠定广泛的民众基础，还为一国的综合国力的提升提供强大动力和可靠支撑。

在中国，政治认同就是要认同新时代中国特色社会主义思想，坚定不移走中国特色社会主义发展道路。2016 年召开的全国高校思想政治工作会

议，其会议精神正是希望在高校内发挥教育的政治整合功能。思想政治教育的好坏决定了我们培养什么样的人、怎样培养人、为谁培养人这些重大问题。而增强个人的身份认同感则是将自己置身于群体之中，重新思考个体与社会之间的关系，以个人的身份参与到社会中去，促进社会的有机团结。

2. 满足特殊需求的教育

就特殊群体的整合而言，残疾人往往很难融入正常社会，究其原因，首先是对残疾人的教育出了问题。1994 年在西班牙萨拉曼卡召开的“世界特殊需要教育大会”上，“全纳教育”就作为一种新的教育理念被提出，它反对歧视残疾人，提倡一种没有排斥、没有隔阂、没有分类的教育形式。但是，这样一种理想受到了社会结构所带来的压力，一个没有为残疾人提供配套设施与管理办法的社会，在社会结构上就没有为“全纳教育”提供可能。

在我国，一般的做法是，将残疾学生安排在特殊学校、特殊班级里进行教育。人们常常认为，由于他们存在先天性的缺陷，没有办法和正常学生一起接受学校教育。但是，这样无疑加剧了他们对于社会的陌生感，学校本来就应该是社会各群体产生融合的场所，这样的区分使得他们仅仅可以适应他们所在的特殊社会。

2017 年 5 月 1 日起，经国务院修订的《中华人民共和国残疾人教育条例》正式开始施行，本次修订中的一个重要亮点就是内容上的融合取向。《中华人民共和国残疾人教育条例》第十八条规定，在特殊教育学校学习的残疾儿童、少年，经教育、康复训练，能够接受普通教育的，学校可以建议残疾儿童、少年的父母或者其他监护人将其转入或者升入普通学校接受义务教育。但法律的规定能否最终落实，还需要社会各项配套措施的跟进。所以，教育在其中应当发挥自身的整合功能，为特殊群体提供社会化的平台，使其适应社会发展，从而提升这部分群体的教育满意度。

所以，就像习近平总书记同北京师范大学师生代表座谈时讲的一样，教育是提高人民综合素质、促进人的全面发展的重要途径。而提高人民综合素质的要求离不开思想和政治上的进步，这一促进人的全面发展的途径也不应该丢下人民中的特殊群体，应该尽量让他们不再特殊，这种全面的发展或许对他们而言更有意义。

四、人民满意的教育要促进社会公平和均衡发展

教育是现代社会代际传承与流动的主要机制，它既是社会上层成员完成自身再生产的中间环节，也是社会底层成员实现社会流动的主要手段，因此现代社会一直将教育视作促进社会公平和均衡发展的一种重要手段，是缩小社会差异的有效途径。通过公平优质的教育来缩小城乡、区域、校际差距，不仅可以缩小社会成员的教育差异和收入差距，而且也是教育促进社会公平和均衡发展的主要任务和手段。

1. 教育公平促进社会公平

教育本身会存在不公平吗？教育是有利于促进社会公平还是不利于社会公平呢？关于这类问题，冲突论者实际上持一种批判的态度，他们主张教育主要是在维持着一种社会不平等。儿童本身就因为先天的智力因素、认知能力和家庭社会经济背景差异而存在不平等，当其进入学校后，学校教育实际上并不能带来最终的教育结果上的平等，反而维持或者加剧了这种不平等。

“寒门再难出贵子”的说法便是这种观点的简单概括，在文化资本上占据优势的家庭进行着文化再生产，维持着不平等，甚至教育被认为是精英阶级巩固其支配地位的工具，阻止了社会流动，固化了社会分层。学者在不同的方面论证了不同社会经济背景、不同种族和民族的人，所接受的教育是非常不平等的。在他们看来按照掌权者的价值观确定的教育内容，学校实际上在阻碍个人的创造力的发展。事实不止这一个面向，但是透过冲突论的滤镜，我们应当看到，教育真正给人民带来了什么至关重要、直接关乎人民群众的获得感。

习近平总书记在十九大报告中指出，中国特色社会主义进入新时代，我国社会主要矛盾已经转化为人民日益增长的美好生活需要和不平衡不充分的发展之间的矛盾。其中“不平衡不充分”用来说明教育体制的现存问题非常贴切。

以城乡教育不平等为例，我国城市和乡村的教育资源差异一直存在，城乡二元社会结构矛盾突出，乡村缺乏优质教育资源。在这一社会结构中，存在着城乡教育发展不平衡，乡村教育发展不充分的问题。我国社会主要矛盾在教育方面的体现就是人民日益增长的教育需求与不平衡不充分的教育发展之间的矛盾，“人民满意的教育”应当是公平的教育，而且还要是促进社会公平的教育。

对教育不平等问题的研究一直都是教育社会学最为重要的主题。近年来，我国的教育不平等问题吸引了来自教育学与社会学的不少学者参与研究，很多人们关注的问题都得到了实证的分析。

有社会学者研究指出，尽管从 1990 年到 2000 年教育机会大大增加了，但家庭背景仍然对人们的入学和升学率有着重要影响，相比 1990 年，弱势群体在 2000 年的教育机会（相对）更少了。还有社会学者研究了从 1978 年到 2008 年 30 年间的城乡居民教育机会不平等的变化情况，并指出，初中升学机会的城乡差异没有变化，而高中和大学升学机会的城乡不平等有扩大趋势。还有一些社会学者们不仅关注社会经济背景和城乡差异，还关心民族差异与教育不平等的关系。比如，有学者通过对西北少数民族教育的实证研究，得出了少数民族子女高中升学率依然低于汉族子女高中升学率的结论。可见，教育的不均衡发展存在于我国教育的多个维度中，城乡差异、社会经济背景差异、民族差异等都有可能影响教育公平的实现。

2. 学校教育的角色与作用

那么，学校教育在教育公平问题上扮演什么样的角色呢？是不是学校教育就一定加剧了社会不平等呢？对这一问题的回答，唐尼和康德伦的解释非常具有启发性，他们提出了一种“折射框架”帮助我们理解学校教育，这一理论的核心是学校是不平等的“折射者”。

他们认为，当孩子进入学校时，不平等被折射了，就像光线进入一种新的介质一样，比如光线从空气到水中。光线以哪种方式折射，取决于它进入的是一个较慢的、更快的或类似的速度介质。我们借助社会学的想象力进行思考，假如社会本就不存在学校，那么父辈资源的代际传递是不是会更加明显，社会不平等现象会比现在更强吗？而一旦孩子进入学校，不平等的变化是如何改变的，就取决于学校这一新介质如何影响不平等的轨迹。学校的角色可以是不改变不平等或加剧不平等，抑或是补偿并减少不平等。

对学校的这种认识，有助于我们重新审视问题，如果学校不必然加剧教育不平等的话，那要办好人民满意的教育就要求学校最大化地发挥出补偿或减小不平等的作用。而从总体上来说，这关涉到的不是某个人的个人问题，是群体的社会问题。我国幅员辽阔，各地差异性极大，社会又处于转型期，各方面虽然变化飞速，但不平衡不充分的发展亟待改进。在这一背景下，我们不可能诉诸平等主义，彻底抹平人们之间的所有差异，差异的存在是必然的。教育在其中应当发挥自身的“折射”作用，最大化地减少由于学生不可变的个人背景和与生俱来的条件而产生的不平等，将个人成就和努力程度连接起来，为努力的孩子提供更多的教育资源，从而促进社会公平的尽可能实现。

从教育资源的分配上来说，也存在很多差异，我们需要在分配制度上进行改革，一部分具有优势资源的组织要与其他处于弱势的组织进行资源共享。例如，重点中学的设置初衷本是为了以重点中学带动普通中学发展，形成示范作用，促成良好氛围。但是，实际中的重点中学却与非重点中学形成了竞争和对立关系，并没有互相带动和促进。当下，教育部门提出的增强大学区内的教育资源共享，进行网络教学资源共享，加大教师轮岗制等都是解决这一问题的积极尝试。

就学校教育而言，学校应公平对待每个符合教育条件的儿童，不该形成教育隔离，任何一种教育资源不应为特权群体独享，而应该将不同类型、不同社会经济背景的孩子融合在一起，以便教师从中发挥引导作用，在教育过程中就为消除社会阶层的隔阂做好准备。所以，就像教育部长陈宝生指出的一样，人民满意的教育需要大力促进教育公平，努力让亿万孩子共享优质教育。教育系统要以增强人民群众获得感为根本标准，努力通过教育帮助个体实现自我发展，促进社会纵向流动。

总之，教育公平实质上是一系列社会变迁的深层次反映，它折射出社会构成和社会秩序的运动映像。正如法国社会学家布迪厄所揭示的："在一个社会中教育的作用究竟是促进社会经济平等还是强化这种不平等，还要取决于教育制度自身的价值和特征。"因此，对"教育公平"问题的探讨无法脱离宏观的对社会制度和文化因素的考虑，我们更应该站在维护社会公平，促进社会均衡发展的高度来认识和解决教育公平问题。

五、人民满意的教育需要全社会共同参与

教育既然是社会中的教育，那么教育的进步就应当是社会各种因素合力推进的结果，就需要全社会共同参与其中。政府、企业、家庭、社会组织以及个人都是教育政策的参与者和服务推送的主体，要对可能造成教育不平等的诸多社会因素进行多重干预。

1. 博弈还是合作

教育的环境至少是学校、家庭和社区共同营造的。其中，学校教育是制度化的教育，具有严密的组织结构，其组织的严密性是社会教育和家庭教育形态所不具备的。而且，学校教育还有专门的教育者，这些教育者不仅应该具有广博的学识和高尚的品德，还需要学会利用教育规律以及有效的教育方法。不仅如此，学校的教育设施与教学设备也充分保证了学校教育的顺利进行。

而家庭教育是一个人接受最早、时间最长、影响最深的教育。与学校和家庭教育相比，社区教育是最容易被忽视的，但其实社区所产生的影响不容小视，不仅当家庭教育和学校教育缺失时，其存在补位功能，而且有机的社区教育可以形成一张网络将家庭与学校连接起来。所以说，办好人民满意的教育绝不是仅仅依靠其中一方的力量，抑或是依赖立法或者政府行为就能够有所成效。

在当下中国，我们看到更多的是学校与家长的对立，“择校热”、“学区房”不断加剧学校、家长与房地产商之间的博弈。中小学在“减负”，培训机构在“增开”，这“减”与“增”的矛盾将学校与家长隔离开来，从而拉近了家长与校外培训班间的距离。

但是，走进培训班的家长和孩子并没有感受到让人满意的教育，常常体验到的却是知识像商品一样摆着售卖，家长和孩子经常要货比三家才敢出手选择。重视教育的家长们都好像是一个个单打独斗的个体，四处寻觅可以给孩子提供的优质教育资源；不重视教育的家长则仿佛已经看透了这一切，决心不再参与这种令孩子和家长都疲惫不堪且未必有所收获的教育游戏。

每个人都好像是理性的，但又是盲目的，社会普遍认可的是，唯有孩子成绩高才能说明问题。现如今的各种教育乱象都让人感受到家庭、学校和社区是相互分离的，甚至存在互相竞争的对立关系。我们应如何解释这其中的关系？社会学家科尔曼的社会资本理论为我们提供了一个值得参考的视角。

2. 学校、家庭与社区的合作共赢

科尔曼可以说是20世纪美国最重要的社会学者之一，1964年他带领一个调研组对美国4 000所学校的64万学生的数据进行了收集和分析，得出了学校教育作用有限的结论。他认为，基于社会环境影响的个人信心直接影响教育结果。那些处于弱势地位的学生，对自我的评估比较低，他们往往感到社会环境的作用过于强大，很难有所改变，即使教育也不太可能改变自己的人生。这份让人意识到环境对于教育重要性的《科尔曼报告》对美国

的教育有着巨大的影响。

科尔曼社会资本理论中的代际闭合(Inter-generational Closure)为我们指明了这一环境是怎么发挥作用的。他认为,学校、家长与社区内的其他家长之间形成了一个可以闭合的人际交往圈,这一交往圈的闭合程度与处于其中的学生的学业成绩有直接关系。比如,关系密切的家长之间可能经常会谈论哪里的老师课讲得好,哪所学校的教学质量有保障等,据说这样可以让孩子获取高质量的教育,从而为日后的学业奠定基础。当然,这不仅仅限于信息的交流,当家庭、学校和社区中任何一方主体出现危机时,其余两方不再是旁观者,而是参与者,它们共同修复或者弥补这一方所造成的缺失,从而最终促成一种合作共赢。

乔伊丝·爱普斯坦就是这样将社会资本中的“代际闭合”和“家长参与”提升到“学校、家庭和社区伙伴”的层面,她的研究向我们展现了这三方合作的必要性。学校、家庭和社区通过建立有效的合作伙伴关系,可以促进家庭社会经济地位低下、处于贫困社区或距离学校较远的家长参与到子女的学习中来,提高家长教育子女的技能,亦能显著地改善学生的出勤、辍学行为,提升学生的学习成绩,特别是对低年级的学生来说。

孟母三迁的故事早就告诉我们社会环境对于教育的重要性,而教育对于改变社会环境而言也同等重要。教育不仅需要社会共同参与到教育事业的发展中去,同时也需要引导家庭、学校和社区参与到社会发展的方方面面之中。

总之,教育兴则国兴,教育强则国强。教育不仅与国家命运息息相关,也是人民生活的需要,而生活本身就具有教育的作用。但是,随着社会结构的复杂变化,我们对教育的需要已经超出了共同生活所能提供的范围,需要学校予以提供更为正规的教育。随着学校教育成为教育的主要形式,它也就承担了促进社会均衡发展的必要功能。通过传承文明,教育使人们获取了价值观和必要的生存技能,使人们学会了批判反思的科学精神,使人们学会了如何判断一个事物的是与非。当我们开始以人民是否满意来衡量教育的好与坏时，就要求教育必须符合广大人民的根本利益，促进社会公平正义与均衡发展，从而能够使全社会参与到教育中来，真正体现和做到以人民为中心，让人民满意。

第十章
人民满意的教育：心理学的解读

李　凌　华东师范大学心理与认知学院副教授

内容提要

教育是个体社会化的重要途径，兼具促进个体发展和推动文化传承的双重功能。但人民于教育，既不是消极被动的接受者，也不是颐指气使的享用者，或者无关痛痒的围观者，而是在教育生态系统中积极互动着的多种角色。人民对教育的满意感也是在这种交互作用中建构起来的带有情感色彩的心理感受和主观评价。教育要顺应人的身心发展特点，关照人的现实生活和心理需求，这是满意感获得的前提；变迁社会中的诸多不确定性，加之商业化运作中的片面宣传及网络传播的推波助澜，使人们容易产生不恰当的心理期望和社会比较，并引发弥散性的焦虑情绪，成为当前削弱人民对教育的满意感的主要障碍。为此，需要有序规范、科学引导，增进大家求同存异、尊重理解、互谅互信、合作共赢。办好人民满意的教育，关键还需要立足当下、面向未来，培养有利于受教育者可持续发展的心理品质，探究的兴趣、担当的信心、批判性思维、合作的精神和生命的意识就是其中的核心要素。

社会心理学认为,一个婴儿,带着繁多的行为潜能来到人世间,在与周围环境和他人的交互作用中,学会了抑制某些冲动,并被鼓励获得在特定社会环境下的人所应具有的特征和价值,形成了适应于该社会与文化的人格,掌握了该社会所公认的行为方式。这个过程是人从自然人变为社会人的过程,是一个社会化的过程。经由社会化的过程,个体获得向更高处发展的起点,也正是经由社会化的过程,社会文化才得以代代相传、生生不息。

人的社会化是通过社会教化和个体内化实现的,这两者相辅相成:没有社会教化,个体内化就无从谈起;而没有个体内化,社会教化也就毫无意义。社会教化是社会通过社会化的机构(如家庭、学校、社会组织、大众传媒等)及其执行者实施社会化的过程。教育,尤其是系统化、有组织的学校教育,则是社会教化的重要途径。因此,教育总会带有一定的导向性和强制性,如要传递每个社会所信奉的价值规范和行为准则,如需执行法律规定年限的义务教育等。

不过,随着现代社会"以人为本"思想的深化,与其他领域一样,教育也越来越重视身在其中的人们的主观体验,"人民满意的教育"正是在这样的背景下提出的定位和目标。"满意"是对特定对象的一种态度,包括认知、情感、意向、行为等多种心理成分;"满意感"则是一种带有情感色彩的心理感受和主观评价,是衡量服务成效及人们生活质量的重要心理指标。教育要使得人民满意,其出发点、展开过程及结果成效,都应该有一些重点关注。

一、满意的前提:教育顺应个体发展的心理规律

作为社会化的重要手段和途径,教育的目的是促进个体发展、社会进步和文化传承。对个体而言,教育的功能在于增知启智、导引价值、扩展视野思路、丰盈人生体验,并使人最终能够走向自我教育和自我实现。而教育要促成人的发展,起到令人满意的效果,无论其形式还是内容,首先都要顺应人的心理发展规律,满足人的基本心理需求,所谓"顺势而为,为所当为"。

1. 教育应基于人的认知发展特点

总体来讲，人的心理发展水平表现出一定的年龄特征，很多心理学研究和理论都对其中的规律予以揭示和解释，如皮亚杰的儿童认知发展阶段理论、柯尔伯格的道德发展阶段理论、埃里克森的心理社会发展理论等。个体对世界的理解、对知识与技能的接受和运用，都会受到其心理发展水平和特点的限制。

比如低幼的孩子，以形象思维、动作思维为主，所以游戏式、体验式学习显得尤为重要。对于有些抽象的灌输，他们凭借自己良好的机械记忆，可以吸收并予以反应，就像孩子诵读诗文、经典，他们不需要理解却可以倒背如流，而且这也会为他们日后的音韵美感奠定基础——所谓“熟读唐诗三百首，不会做诗也会吟”。不过，换成其他，就像那个笑话所说：“看到 3×7=？这道题，我忘记乘法口诀表上答案是什么了，于是不管三七二十一写了个 18！”可见，如此记忆就没有太大的意义。虽然熟记九九乘法口诀表据说对我们的运算能力大有增益，但也是在理解了其中蕴含的数理意义后才有价值。

孩子的理解能力会随着年龄和生活经验的增长而增长，先前对于孩子来说非常困难的知识，一段时间后就会变得容易，所以，不必急于求成。可我们常常见到幼儿园或一、二年级的孩子被逼着背口诀或是在规定时间内进行速算，结果这些孩子被弄得神经紧张，心慌手抖，而且越慌越错，越错越慌，如此恶性循环。甚至一提数学，有些孩子就心生畏惧、头痛欲逃。这显然不应该是我们教育的初衷。类似地，数学之美本来在于探寻规律，感受关联，体验灵活多变，享受苦思冥想之后的豁然开朗，但现在的很多所谓训练有素就是让孩子瞄一眼题目就知道套哪个公式，勾哪个选项，知其然却并不知其所以然。如此学来的规律，除了应试，大概也发挥不了其他的作用。

又如，孩子有敏锐的感知力和丰富的想象力，好的教育应该呵护他们的天马行空，让孩子表现真性情，表达真感受。但是，如今教育实践中的一些现象却着实令人忧虑。如备受各方关注的作文教学，套路多多、框框多多，采用既不接地气也不通感受的应试模式，不仅抹杀了学生弥足珍贵的想象力和创造性，也让他们偏离了自身感受，助长了他们的思维惰性：不需寻求新可能，不用尝试新突破。更有甚者，作文教学还因循“规则”，让学生虚构与编造，对学生良好品德的形成产生负面影响。

除了年龄特点，教育还应该尊重个体间的心理差异。如发展步调，同样的心理内容，有些孩子发展得快些，有些孩子则要缓慢甚至滞后些，前者需要助力和补给，后者也需要等待和扶持，因此需要差别化教育。

美国哈佛大学教育研究院的心理学家霍华德·加德纳提出“多元智能理论”，突破以往智力理论只关注语言能力和数理逻辑能力的局限，将智能定义为人在特定情景中解决问题并有所创造的能力。他认为人拥有八种主要智能：语言智能、逻辑-数理智能、空间智能、运动智能、音乐智能、人际交往智能、内省智能、自然观察智能，后来又补充了存在智能（即对生命、死亡、意义等终极性问题有思考的倾向）。他认为每个人的智能特点表现为这些不同智能的组合，各有长短，教育也应该接受个体的特点，扬长避短或者扬长补短。此外孩子的气质、性格、能力等个性差异也都值得关注，也需要在顺应的基础上进行教育引导。

2. 教育应扎根人自身的生活经验

教育要始于生活，生活即教育，教育也应服务于人们创造更美好的生活。人在与其周围环境的真实互动中才能了解世界、认识自我，才能学到活的知识、习得活的技能，所谓“纸上得来终觉浅，绝知此事要躬行”。人在接触自然中才能更好地理解事物运行的规律，在与人交往中才能更好地体会人际互动的准则。书本上人类智慧的浓缩精华，只有和个体的鲜活经验结合起来，才能获得其生命力，并与个体成长相辅相成。

全面贯彻立德树人的根本任务，培育和践行社会主义核心价值观，是国家教育改革与发展的重要任务。“富强、民主、文明、和谐、自由、平等、公正、法治、爱国、敬业、诚信、友善”十二项内容，体现了新时代我国现代化国家建设之方向、教育育人之准则。其中每一项价值观都寓意深远，也都扎根现实。但是，在教育实践中，不同年龄、不同身份、不同境遇、不同经历的人对每一项价值观的认识和理解都不一样。在学校教育领域中，应该基于不同学生的特点和差异，开展富有针对性的教育教学活动，尤其是要从儿童成长成熟的心理认知规律出发，采用适合于他们接受基础、理解能力和容易内化的方式方法来实施，特别是要从他们身边的人、从他们熟悉的事、从他们的日常生活中发掘出榜样，具象化规则。而这些又可以汇聚为每条核心价值观丰富而鲜活的内涵和外延，并且，随着孩子人生阅历的增长，这些价值观会不断拓展深化，得以延续传承。

2014 年 5 月 30 日，习近平总书记在北京市海淀区民族小学主持召开座谈会时发表的"从小积极培育和践行社会主义核心价值观"的讲话中就指出，要结合少年儿童的年龄和特点，开展有针对性的教育活动。为此，习近平总书记提出了四点要求，其中第一条就是："记住要求，就是要把社会主义核心价值观的基本内容熟记熟背，让它们融化在心灵里、铭刻在脑子中。由于大家还在学习阶段，社会阅历不多，对社会主义核心价值观的涵义不一定能理解得很深，但只要牢记在心，随着自己年龄、知识、阅历不断增长，会明白得更多、更深、更透。在成长过程中，要结合学习和生活等实践，不断想想所记住的这些要求，不断加深理解。古往今来，大凡很有作为的人，都是在少年时代就能够严格要求自己。"

建构主义思潮下的学习理论认为，学习本质上是一个意义建构的过程，学习具有主动性、社会性和情境性，学习可以分为初级学习和高级学习两种类别或者两个阶段。初级学习更多是对一些重要概念和事实的知晓、记忆，主要针对一些结构良好的领域，是学习的初始阶段；但唯有高级学习才能推动人们对世界的更深理解。

高级学习就要结合学习者所处的现实情境、所遇到的现实问题，将学习者原有的知识经验作为新知识的增长基点——学习者成为学习的主体；同伴交流、合作学习也显得尤为重要，这会让学习者接触到更多不同的经验、观点，扩展自身的认识，并在碰撞中得以深化；教育者也不再是知识权威的象征，也不单是知识的简单呈现者、灌输者，而更像一个协同引导者，他们要重视学习者自己对各种现象的理解，倾听他们当下的看法，思考他们这些想法的由来，并以此为据，创设维果斯基所谓的“最近发展区”，组织对话讨论，引导学习者丰富或调整自己的解释，成为推动有意义学习的“助产士”。

3. 教育应关照人内在的心理需求

教育强调教化、引导、培育，但这些都必须贴合个体自身的需求，才更容易被个体所接受、认同乃至内化。

需求往往对应于一种内在的缺乏状态，所以会形成张力，有寻求满足的倾向。需求得到满足，人就会产生积极的情绪体验，相反，欲求不满则会导致消极的情绪。当需求与外在诱因相结合的时候，就会变为推动目标性行为的内在动力，即动机。教育的一大目标就是激发受教育者的学习动机、成就动机，使其成为积极的学习者、传承者和创造者。

教育心理学家奥苏伯尔认为人类学习行为受三种内驱力的推动，即认知内驱力、自我提高内驱力和附属内驱力。其中，认知内驱力是一种想要了解和理解的需要、想要掌握知识的需要，以及系统地阐述问题并解决问题的需要，因为它的满足源于学习活动本身，所以又被归为内部动机。自我提高内驱力是指个体由自己的学业成绩而获得相应的地位和威望的需要，它不直接指向知识和学习任务本身，而是把学业成绩看成是赢得地位和自尊的根源。附属内驱力是指为了保持他人（如家长、教师等）或集体的赞许、认可而表现出来的把学习、工作做好的一种需要。后两者都更强调个体作为一个社会关系中的人的需求，而学习更多是一种工具性的手段，所以均可被归为外部动机。

无疑，教育者应该更多展示知识的魅力，激发和借助内部动机，使受教育者能够更加持久、更加沉浸、更加自足地投入学习活动，并享受学习本身带来的快乐。当然，我们也可以针对个体自我提升和归属依附的需求，开展竞争，给予奖惩，激发个人和集体荣誉感，激发人们的学习动力。实际上，后者是我们在教育实践中常常用到的手段。它们也贴合了作为社会人的基本需求，所以常常行之有效。而且，恰当的外部动机也可以导引内部动机，比如“亲其师，信其道”，因为喜欢一个老师而喜欢一门学科、一个领域的例子比比皆是。不过，如果使用不当，就可能出现“德西效应”，即过分强调外部动机反而会削弱内部动机。比如学艺是为了考级，学习是为了成绩，而考级、成绩又是为了储备升学的敲门砖；进入好的学校是为了光耀门楣，是为了将来找份好工作，寻个好人家，过优越而体面的生活。或者，孩子学习是受父母、老师的逼迫，没有发展出甚至违逆了孩子自己的兴趣，大人急得鸡飞狗跳，孩子则变得了无生气。这些都是对学习的异化，也是对人的异化。现在，人们开始反思学习之用，开始鼓励无用之用——其实并非真的无用，而是非物质层面的用，非实用主义之用，但它们对于丰盈人的精神世界还是大有裨益的。

20 世纪 80 年代，心理学家德西和瑞恩提出一种更加整合的动机理论——自我决定理论，也给教育带来新的启示。该理论认为人是积极的有机体，与生俱来拥有成长和发展的潜能。自我决定就是一种关于经验选择的潜能，是个体在充分认识个人需要和环境信息的基础上，对行动做出的自由选择。

该理论提出三种基本心理需要：胜任需要、归属需要和自主需要。该理论认为学习动机的能量和性质，取决于心理需要的满足程度。胜任是指个体在与社会环境的交互作用中，感到自己是有效能的，有机会去锻炼和表现自己的才能；归属是指个体关心他人并感觉到被他人关心，有一种从属于其他个体和团体的安全感，与别人建立起安全和愉快的人际关系；自主是指个体能感知到做出的行为是出于自己的意愿的，是由自我来决定的。自我决定理论尤其重视自主的需要，认为学生的自主需要越能得到满足，则他/她的学习动机就越趋于内化。自我决定理论将外在控制和自我决定作为两极，把内化过程视为一个由外而内的连续体，让我们看到内外动机间更多层面的关系以及整合的可能，也看到基于个体需求的教育引导可以有的过程和目标。

二、满意的获得：教育生态系统中诸要素的共同建构

心理学家布朗芬布伦纳在1979年出版的《人类发展生态学》一书中，尝试将生态学知识引入人类行为的研究中，认为人的发展是人与环境系统的复合函数，人在发展过程中与生态系统发生着千丝万缕的联系与互动，这些生态系统以各种方式和途径影响着人的发展。

布朗芬布伦纳将生态系统划分为微系统、中系统、外系统、宏系统以及时间系统。系统最里层是微系统，指个体直接接触的系统，比如家庭、学校、同伴群体等，对个体的影响深远，个体往往在潜移默化中形成特定的行为方式、价值观念和人际关系模式；第二种是中系统，指个体所处的不同微系统之间的联系与互动，如家庭和学校、父母与同伴之间的互动；第三种是外系统，指个体不直接参与但会对微系统产生一定作用的外围系统，如父母的工作单位、学校的领导机构等；第四种是宏系统，指个体成长所处的整体社会环境，也是其他系统所处的大背景，直接或间接影响着个体的成长经历及感受，如价值观念、风俗习惯、社会阶层、经济结构、文化模式、法规政策等；另外，时间系统是指在个体发展中所有的生态系统都会随时间变化并对个体发展造成影响，例如随着时间的变化，家庭人口增减、学校要求不同、家庭和学校关系趋于松散，以及机构变革、社会变迁等。

布朗芬布伦纳的生态系统理论让我们能够对影响个体发展的诸多因素有一个整体而系统的把握，并且意识到它们之间交互作用、动态变化的关系。当然，广义、狭义的教育也就蕴含渗透其中。

教育有其自身属性和内在规律，但教育又不是超然物外、抽象存在、自发运行的。教育是教育诸要素交互作用的过程。其中，人的因素至关重要。

人是教育的实施者，也是教育的接受者，归根结底是教育生态中具有影响力也被影响着的一部分，共同决定着教育诸要素之间的关系状态和互动模式，以及最终作用力的大小和方向。所以，现代教育是一个多方共同参与、互动合作的复杂过程与系统工程。实现人民满意的教育，从根本上还是需要各方共同建构。相应地，人民对教育的满意与否也是多方共同建构出来的体验。

在教育中，一定要树立多主体的意识，教育管理者（如各级各类教育行政人员）、教育实施者（如老师）、受教育者（如学生）、协同教育者（如家长）、教育研究者等，还有更加笼而统之却也颇具影响力的“社会大众”，他们构成一个个彼此相对又错综交叉的教育群体因子。而对教育的“满意”是一个多边共谋共创的过程，也终将是一种合作共赢的局面。老师满意，家长满意，孩子满意，大众满意，相关决策、规划人员以及研究者等也都满意，这该是我们要努力靠近的目标，也是和谐社会的重要组成。不过，在现实中，纷繁的现象、复杂的关系、多元的诉求、有限的资源……都会在这些群体间、个体间，包括群体内、个体内，形成张力。各种不满意的情绪也就会蔓延开来。

1. 弥散的焦虑削弱满意感

当前，对于教育，与“满意感”背道而驰的负性情绪体验，恐怕就是“压力”和“焦虑”。它们弥漫在社会中、生活里，构成了当代社会大众，尤其是所谓“中产阶层”的普遍心境。

孩子是坠落人间的天使，父母有幸见证一个生命的成长是一件充满欢喜的乐事，这也让父母拥有再次被滋养的机会，会有沉甸甸的责任感油然而生，但也由此拓展了自己，感受到了力量。随着孩子慢慢长大，父母从陪吃、陪喝、陪睡、陪玩开始越来越侧重陪学的时候，压力和焦虑也就席卷而来。不只因为开销越来越大——毕竟物质需求具有现实性所以更好权衡把握，关键是父母要操的心越来越多，而且不确定性也越来越大，父母保持淡定当然就越来越难。一句“不要让孩子输在起跑线上”，更把那种须高瞻远瞩、要未雨绸缪的紧迫和悲壮不断前推，父母生怕给孩子一个快乐的童年换来的是日后悲催的未来。所以，他们丝毫不敢怠慢，整日诚惶诚恐，生怕自己哪里没尽责而断送了孩子的美好前程。

重视教育，特别是重视早期教育，这是社会的进步，但具体该如何来做，目标指向是什么，全社会都处在一个探索的阶段，政府服务也有很多难以覆盖的方面，大众充满迷茫。在商品经济的背景下，有需求就有市场，于是各种各样商业化运作的教育服务就应运而生且蓬勃发展。

这很大程度上促进了教育的细分化、专业化、市场化。作为传统教育、正规教育的重要补充，商业化的教育服务极大地满足了大众不断增长的多元化发展的教育需求。但商业机构逐利的本质，也会让它们为了吸引客源、扩大影响进行片面而夸大其词的宣传，并通过渲染情绪、诱发需求、利用焦虑，制造商机。特别是网络化时代，信息可以病毒式传播，情绪——尤其是负面情绪——更加容易疯狂弥散。或似是而非的模糊信息，或言之凿凿的科研成果，或现身说法的神童状元，或循循善诱的学者专家，都可能是处心积虑的商业攻心术，会助长大众的教育恐慌及恐慌之下的盲目行为，如各种跟风式的学艺、补习、考级……而这又将会推波助澜社会感染，引发更多的从众行为，形成不明就里、你追我赶又身不由己的怪循环。关键，家长的心也并不能踏实下来，只能说做点什么总比不做更能缓解焦虑。

此类教育或者更准确点说是培训，强调了早期教育的重要性，但忽视了自然成长的力量；强调了儿童的可塑性，但忽视了儿童发展的内在规律；更多强调知识灌输、技能强化，而忽视了生活体悟、情感体验；更多强调外在目标、奖惩诱导，而忽视了个体内在兴趣、自发动力。如此下去，教育的结果也不会令人满意。

导致焦虑的另外一个重要原因是比较。美国社会心理学家利昂·费斯廷格曾指出，人人都有想要清楚地评价自己的意义和能力的动机，如果有可资利用的物理的、客观的手段，就首先使用这种手段；但如果缺乏客观标准，人就会通过与他人进行比较来判明自己的意义和能力，这就是社会比较。

社会比较可以分为向上比较、向下比较和平行比较等,不同的比较会带来不同的感受。向上与比我们强的人比较,会让我们知不足然后思齐,但也可能让我们惭愧沮丧;向下同不如我们的人比较,会让我们满足欣慰,但也可能让我们小富即安、不思进取;平行和跟自己差不多的人进行比较通常更具信息价值。

社会比较发生于不确定性情境下,但比较的标准也具有很强的主观性。比如,成绩本来可以算是一个相对客观的指标,反映一个人对所学知识的掌握程度,并提示下一步应该努力的方向或者可能需要的帮助。但在现有的教育实践中,我们并不满足于此,甚至忽视、忘记了考试、评估、成绩的正确功能,而是更希望知道自己的相对位置,特别是在资源有限、优胜劣汰的情况下,这种相对性具有更加现实的意义。这本来也无可厚非,社会比较本来就具有双重功能:一方面用于确认自己的属性,另一方面还包含着主体的积极愿望,即希望得到肯定性情感的满足。但当比较主要是为了满足虚荣、维持颜面、貌似激励实为打击,即全部是为前面所述的外在动机服务时,别人家的孩子就变成了我们的宿敌,别人的风吹草动就变成了威胁我们敏感神经的扳机。但若比较只为了一决高下,并只以好成绩,升入好学校,将来找个好工作为评判指标,则可能限制了“好”的含义,也窄化了教育的功能和目的,其实这也正是当下教育中存在的一大问题。教育变为工具,人们只为眼前的苟且、现实的利益、虚妄的名声,人们的视界狭隘了,资源和出路就会显得紧张,焦虑也就扑面而来。在惶惶不安中,人们又会斤斤计较、相互为敌,如此恶性循环,其恶果也已经不断涌现、饱受诟病。

在全民焦虑的背景下,教育演变成了疯狂的比较与竞争。由此,孩子感受到的压力越来越大,动力却越来越小;孩子的才艺越来越多,由衷地享受才艺之美之乐的人却越来越少;孩子们的外表光鲜,内在却越来越感受不到意义和价值,成为所谓的“空心人”。目前,未成年人厌学甚至弃世的案例时有出现,而且有低龄化的趋势;大学里心理咨询服务供不应求,学生的问题越来越严重,情况越来越复杂,而究其原因,很多都与曾经的学习压力(有些堪称噩梦般)以及由此形成的偏狭的价值观、意义感以及模糊脆弱的自我意识和人际理解相关联。

2. 良好的沟通增进满意感

社会心理学研究表明,如果没有特别引导,人与人很容易进入竞争博弈的状态,哪怕竞争于人于己都不是最优选择,即比起"收益最大化",我们更倾向于"胜过别人",所以人与人容易彼此为敌,互相设障、拆台、贬抑,人们会做损人不利己的事情。但如果可以沟通,大家就会看到彼此利益相关的部分,更容易产生信任,促进合作,实现共赢。

不同领域的研究也都反复证明,良好的沟通是满意感的重要预测指标。不过,社会心理学也承认,关系当中的人,每一方都带着自己的欲求,每一方都限于自己的经验,每一方也都有自我服务即自利的偏向,这是正常的人性,不容否认,无可回避,但需要尽量保持觉察和警醒,也给予彼此尊重,这才是开启真正沟通的基础。否则人们就容易陷入自我中心,即便沟通也都是各说各理,沟而不通反生出更多误解,产生冲突。

比如关于学生在校期间的安全问题,相关各方都高度关注,但如何保证安全、避免意外,一旦出现万一,又该如何看待,如何处理,这都是值得探讨的问题。就学校教育实践来看,出于安全考虑,越来越多的学校或者老师会限制孩子的在校活动,比如规定课间不能打闹、奔跑,甚至不可以随意走动,更不用说下楼到操场追逐嬉戏;上体育课时,老师也尽量减少容易有闪失、出状况的项目,保险为上。这样,孩子当然感觉无比憋闷和压抑,家长也常常心存抱怨,有些直接在网络上发文吐槽,这是因为学校只重视学科学习,禁锢和抹杀了孩子的天性。孩子越来越弱不禁风,力量性、耐受性、协调性、对抗性都越来越差,不仅是身体素质,还有对应的意志品质,都每况愈下。但学校和老师也觉得无奈和委屈:"我们也整日提心吊胆着呢,那么多孩子哪能顾得过来?"其实大原则老师一定会把握的,但就怕有个万一呢?别说致残要命的事,即便学生在学校不小心扭伤、骨折,家长会不会兴师问罪?

所以,安全起见,教师觉得保险为妙,满意是小,不惹麻烦为大。

其实,无论经验还是研究都告诉我们,有更多运动经验的人虽然不免磕磕碰碰、冲冲撞撞,但也正是在跌打滚爬中增强了体质、学会了避险。如果老师和家长能够一道直面这个问题,说出各自的顾虑,了解彼此的苦衷,分析可能的问题,商讨可以有的对策,创造所需的条件,也承担各自应该承担的责任,孩子们一定可以有更多更加快乐自由又健康安全的运动时光,老师和家长也不用再过度焦虑,而是把精力用于如何给孩子更积极的引导。这才是皆大欢喜。

还有家长吐槽学校有太多整齐划一的要求,扼杀了自己多年苦心培养的孩子的独特个性,甚至由此产生对教育的忧虑,对孩子未来的担心。此类言论一经发布,也引发不少家长的共鸣,焦虑蔓延开来。但看看家长所举的一些事例,学校老师也有话要说。比如让学生统一用某一规格的铅笔,是因为老师依据多年的教育经验发现,低年级孩子手部肌肉力量大多还比较弱,用稍硬的铅笔会更容易书写;比如老师让孩子穿校服,是为了减少攀比和集体活动中的某些安全隐患;比如老师让家长收到信息后除非特别要求就不用回复,是为了避免不重要的信息刷屏而淹没了重要信息,如此等等。老师如果能够事先跟家长做一些宣传解释工作,也开放渠道听取家长的疑问和意见,老师的好心好意就不会让家长误解;或者家长可以主动与老师沟通自己的想法或者自己家孩子的特殊情况,大家共同商讨解决的方法,这样家长也就不会心生怨言、散布焦虑。只有看到家校的共同目标是为了促进孩子的成长,只有相信彼此都在探索什么是最适合孩子的方法,大家才能够更加坦诚相对,顺畅配合,形成合力,建立一个良性的循环。

在教育实践中,沟通的需要无处不在,沟通的方式也多种多样。如作为教育决策者、研究者要关注现实,搜集民意,倾听来自一线教师的声音,这是立论之基础,也是举措之源头,所以各种各样的座谈、调研必不可少而且要扎实开展。教育决策者、研究者也有责任利用自己的信息优势、专业特长、宏观视角,传递理性的、基于规律的、高瞻远瞩的引导性声音,但仍需从大众的角度,结合大众的需求,采用大众可以接受的方式对大众进行说服宣传,给予利弊阐述，开展价值引导。否则，再好的设想无法落地生根，或者在实行中扭曲变形，还会激发出很多怨气、失望，让大众陷入习得性无助，不再有热情和勇气进行建设性、创新性尝试，或者简单粗暴地武断行事。

一些有损师德、令人痛心的虐童事件发生之后，家长一片惊恐，除了口诛笔伐要严惩当事人之外，还由此变得不信任老师，幼儿园 360 度无死角安装监控摄像头的呼声也阵阵高起，有些地方、有些单位为了息事宁人、亡羊补牢立马“顺应民意”。但这多少有些头痛医头，脚痛医脚，事态貌似暂且平歇，但其中实际仍然暗流涌动。家长的心情我们完全可以理解，孩子是家长的全部，再小概率的事件发生在自己的孩子身上，对孩子、对自己就是全部，家长心疼孩子也会自责自怨。他们的复杂情绪需要被看到、被认可、被抚慰，但对于他们激情之下的诉求，则也可以通过对话分析利弊。对此类事件的处理不仅要考虑当事人，还要考虑通过消息扩散、网络发酵而感受到替代性创伤的更大多数人。

如创伤事件之后家长该如何与孩子沟通才能让孩子得到抚慰而不会遭遇再次创伤？家长该如何调适自己的情绪，给孩子树立一个好的榜样去面对所受到的侵害？老师、学校该如何去应对所面临的信任危机？让老师的工作完全置于家长的监控之下背后的需求、可能的影响、各方的体验、利弊会是什么？如此等等。这所有的问题唯有通过各方沟通交流，才能找到可以被大家所接纳的答案，形成共识。而其形式，可以有当事方的直接对话，可以有学者专家的介入干预，可以有大众多视角的建设性讨论，更可以广开言路、多头并进。

所以，真正的沟通都是双向（或多向）、多次、来来回回的互动，不仅有信息交换，还有情感交流；真正的沟通是让各方发声，每种声音都代表一种诉求、一种立场、一种视角，需要表达，也需要被听到，沟通就是各种声音的对话和协商，是增进彼此了解，并进一步达成相互理解、谅解、尊重、信任的过程。沟通能拓展我们的视域，使我们相互借力而非掣肘；沟通也让每个人看到自己的所作所为在大系统中的作用，意识到可以通过改变自己来促使系统的改变。

沟通还要关注弱势群体的声音。中产阶层的教育困境之所以备受关注，主要是因为他们有更强的发声能力、更多的发声途径。但我们的社会中还有不少社会经济地位低的群体，他们身处困境、资源有限、位卑言轻，更可能被遗忘，但他们的需求不可以被忽视。教育被视为改变命运的重要途径，但调查发现，名牌大学中来自寒门的孩子占比却越来越小，这些都是值得关注的社会现象。

所幸，越来越多向上流动成功的穷人家的孩子开始以亲身经历见证逆袭的艰辛，为父老乡亲争取权利；也有越来越多有社会使命感的各界人士开始关注弱势群体，替他们发声；政府、教育部门等也都纷纷出台倾斜性扶植政策，以期满足弱势群体接受更好教育的需求。

当然，鼓励弱势群体发声并不是其所提的需求都要满足，其实也不可能都满足，但被看到、被尊重、被重视也是一种满足，会给人安抚和信心。另外，鼓励发声也会遭遇问题，比如众声喧哗，混淆视听；比如流言纷起，群情激愤。网络时代，这种大众连锁心理反应更加容易产生。但良好的沟通仍然是最主要的出口，所谓流言止于智者，流言止于公开，真理越辩越明。

鼓励沟通，要从孩子开始，我们应畅通孩子表达诉求的渠道，鼓励他们说出自己的期望，能满足、该满足的给予满足，不能满足的我们要解释，寻求孩子的理解并协商对策（如延迟、替代等）。在这个过程中，孩子自然而然地就能学会尊重，懂得换位思考，耐受延迟满足，增强为人处世的能力。

三、满意的保证：教育应培养可持续发展的心理品质

除了"顺势"教育带来的内外一致、身心顺畅，除了良好沟通带来的关系和谐、相互助长，影响教育满意感的还有教育的结果——阶段性结果抑或长远结果——与人民对教育的期望之间的匹配程度。前面的论述中我们已经看到，偏狭的期望、短视的期望、舍本逐末的期望，已经越来越扭曲我们的教育行为，也导致扭曲的教育现象。比如我们将知识视为唯一重要的目标，而

且将它与生活、实践、品德、情感割裂开来，就会培养出高分低能、高智商低情商、乏味无趣或精致的利己主义者；我们在教育中越俎代庖、拔苗助长，惯用强制性逼迫、挤压式灌输，就会培养出缺乏动力、没有目标和方向、不够自主的消极被动者。这显然是我们始料不及的。

教育要有令大家满意的产出，还应回归到教育的本质，培养人类文明的传承者，促使个体潜能的发展。增知启智是一方面，但还有很多被称为“非智力因素”或“核心素养”的东西需要关注，因为这些才是一个人能够持续发展并能对其所生存的社会有所贡献的保证，也才是最终让大家都满意的教育成效。

1. 探究的兴趣

好奇是人类的天性，也是人的内生动力。我们都有经验，孩子生来对一切都充满兴趣，手脚眼耳所及之处、之物，无一不是他们想要去探索的范围和对象。他们需要空间，需要自由，也需要适时适度的扶助和导引。

在此过程中，他们获得对世界的了解，也建立起自我意识、人我边界。兴趣充满动力，它让人孜孜不倦，上下求索，并谋求改变；兴趣饱含热忱，它让人包容开放，容忍模糊，接纳差异。

对过往的兴趣引导我们追溯本源，以史为鉴；对未来的兴趣引导我们放眼长远，探索未知世界；对然和所以然的兴趣让我们求知若渴，传承创新；对人自身的兴趣，引导我们关照人类福祉，欣然面对多元世界，不精致利己，不做科学狂魔，不将所学用于剥削、欺骗、毁灭，也不排斥异己。

所以，基于人类的探究本能，发展对世界的好奇，对学习的兴趣，对通过自己的努力创造新生活、新价值的渴望，是教育应该赋予受教育者可以终身受益的可贵品质，尤其是面对这个迅速变化、充满不确定性的世界。

2. 担当的信心

“自我效能”是心理学家班杜拉提出的一个重要概念，指一个人对自己能完成某件事情的信念。其作用甚至超越了一个人的真实能力。因为有信心，当我们碰到阻碍时就会视其为一时的困难，就更容易坚持，而不轻言放弃；当我们遭遇失败时，就会归因为只是暂时能力没有达到要求或者选择出现失误，然后花更多精力去提升能力，调整目标，寻求更恰当的解决之道。信心还意味着希望，逆境中相信自己可以跌倒爬起，相信自己可以从头再来……这一点，同样适用于组织、团队。

积极的信念带来积极的归因，也会导向更积极的情绪体验、行为意向和探索行动。能力便由此提升，格局就由此拓展，目标也由此成就。这种“我能行”的信心，需要从小、从点滴中去培养、去鼓励、去践行。

家庭中，让孩子在责任担当中看到自己的力量；社区里，让孩子从不乱扔垃圾的行为中感受自己为环境所作的贡献。日积月累，信心还可以发展为信念、信仰，无须位高权重，不必惊天动地，每个人都可以尽一己之力让世界更美好。

3. 批判性思维

教育不仅要教给孩子知识，更重要的是培养孩子看待知识、运用知识的思维方式。一般情况下，为了节省有限的心理资源，人倾向于做“认知吝啬鬼”，基于经验、直觉对人、对事做快速判断，但偏差也就在所难免。人的自利倾向又会增加很多动机性偏差，有些时候可能无关大碍，但更多时候可能造成不良影响。

一个社会事件发生或一种社会现象出现，我们头脑中会立马开启一系列认知加工：发生了什么？涉及谁？性质如何，是好是坏？原因为何，谁对谁错？但大多数人对大多数事不会审慎认真地大胆假设小心求证，更可能见风就是雨，一看就（以为）知道……网络时代，这种效应就更可能被放大。一是因为我们接触事件真相的难度越来越高，各种自觉不自觉地带有倾向性的观点成了我们信息的主要来源，我们不知不觉当中就被暗示诱导；另外是因为，如果那些言论恰合了我们的情绪或者看法，我们就会更轻易地相信并且传播甚至还再添砖加瓦，夹带私货，无意间我们可能变成信谣传谣者却还以为自己是有态度的人。网络又使得信息的传播异常快速和广泛，但越来越真假难辨；网络也使得大众连锁心理反应更容易发生，话语暴力、情绪感染，顷刻间乱作一团。

当然，错不在网络，而是其中的人，众声喧哗中辨识真伪，贡献有建设性的意见，还需要冷静的头脑、理性的态度，如社会心理学家迈尔斯希望社会心理学能带给人们：用批判性思维限制直觉思维，用理解来揭穿幻觉，以同情避免不客观的审判。

此外，批判式思维之所以重要，还与我们时代的另外一个特征有关，那就是转型时期，新旧交替，东西碰撞，价值多元。教育不能脱离生活，学校也越来越不是所谓的世外桃源或者象牙塔。虽然教育更多强调正向引导，但也无可否认社会生活中会有不和谐的声音、做法甚至种种怪象、乱象。即便我们自己，也有不少观点模糊、价值冲突、定夺不下、难以抉择的时候，这是挑战，其实也是通往更透彻、更深刻、更复杂与更本质理解的契机。

如果能够保持开放的态度，不急于下判断，不简单论真假，而是努力辨识，谨言慎行；如果能够广开言路，组织讨论，鼓励质疑，畅所欲言，进行辨析；如果既能够让不同观点得到充分表达和激烈碰撞，又能够适时、适当、公允地进行价值呈现和引导，那存留下来的才可能是个体真正认同甚至逐渐内化的信念。也唯有如此，那些价值观才不会只是墙上的标语、嘴里的口号，也并非是与己无关的空洞说教，而是真正具有导引力量的价值信条和行为准则。当然，批判性思维并不是怀疑一切，怀疑也不能产生满意感。批判性思维是“为决定相信什么或做什么而进行的合理的、反省的思维”，它让人们摆脱限制，实现自治——一旦思维得到拓展，思想就再也不会回到原本狭小的领域了。

4. 合作的精神

人是社会性动物，有亲和需要，有爱和归属的需要，与人产生联结、同人发展亲密关系，才是幸福感的真正来源。现代社会，社会分工不断细化，人与人之间也越来越相互依赖，分工协作，共生共长。

合作的精神和合作能力显得越来越重要。不过，社会心理学已经证明，个体层面，人有自利倾向、竞争倾向；群体层面，人有内群偏好、外群敌对倾向。从进化的角度来看，这些都有利于生存的适应意义，但同时也可能妨碍人与人、群体与群体之间的和平相处、合作共荣，所以需要因势利导。

通过沟通，我们可以看到彼此荣辱与共的部分以及合作共赢的可能；通过平等开放基础上的群际接触，我们也更能在千差万别的群体间感受到人性的共通之处、命运的休戚相关，从而可以消除偏见，发展合作。

5. 生命的意识

现代社会，经济快速发展，物质日益丰富，科学技术备受关注，但人文素养和人文关怀却日渐式微。教育也越来越背离其育人使命，而变成应试教育、技能教育、就业教育、成功学教育。实用主义、机械主义、功利主义泛滥，人被自己创造的东西所控制、所异化，欲望越来越容易被满足，但幸福体验却越来越淡薄。

人们要么活得了无生气，找不到生命的意义，要么就拼命寻求刺激，确定自己的存在。自杀率不断上升，校园暴力屡禁不绝，网络成瘾愈演愈烈，焦虑和虚空四处蔓延……这是现代化进程中人类付出的代价，当务之急，需要在教育方面拨乱反正。生命教育正是在这样的背景下提出来的，期望教育回归人性的温度，充盈人生的价值和意义。

台湾的《生命教育推动方案(2014—2017)》指出："教育除了让学生增加知识之外，更重要的是让学生了解生命的价值，培养学生正确的人生观。""生命教育的宗旨是培养学生具有健康身心、理性头脑及美丽灵魂，期望通过课程实施(包含正式课程、非正式课程及潜在课程)、师资培育、校园文化建构等具体策略的推动，使学生具备道德实践与公民意识(社会我)、艺术涵养与美感素养(美学我)、系统思考与解决问题(知识我)、身心健全发展(体能我)以及探寻生命意义、内化价值、追求至善(超越我)等核心素养。”

大陆学者肖川也指出,生命教育的宗旨就在于,捍卫生命的尊严,激发生命的潜能,提升生命的品质,实现生命的价值;而“关注生命,尊重生命,珍爱生命,欣赏生命,成全生命,敬畏生命”则构成生命教育的目标。

生命教育的开展可以有多种途径和形式,但不能脱离生命讲生命。因为各种生命关系就鲜活地存在于我们的每日生活、周遭现象中,我们只需要去发现、去感知、去体验、去选择。生命教育是一种全人教育,让人不仅惜己,还要爱人,爱天地苍生;不仅有爱的意愿还要发展爱的能力;不仅施爱还要感觉被爱。生命教育的核心是感受联结,创造联结,延续联结;天地人我,休戚相关,和谐共生,福来福往。

德国著名哲学家雅斯贝尔斯说:“真正的教育是用一棵树去摇动另一棵树,用一朵云去推动另一朵云,用一个灵魂去唤醒另一个灵魂。”这又何尝不是生命的本质呢?在每个人内心,都有种子,教育的功能就是让这些种子生根发芽,长成生命本来的模样。

第十一章
从舆情看“人民满意的教育”

赵路平　华东师范大学传播学院新闻系副教授，智慧与创意媒体实验室主任，传播学博士
研究方向为危机传播、网络舆情、数据新闻等

内容提要

当前，我国教育舆情呈现以下几个趋势：师资水平和办学条件不断改善，教育领域综合改革效果明显，社会对中国教育的满意度较高；高等教育发展迅速，双一流建设进一步提升了高校国际竞争力，教育现代化对国家现代化的支撑作用得到普遍认可；教育法律法规逐步健全，教育管理体系日趋完善，民众对中国教育事业的信心显著增强；权利意识促使校园事件升级，依托媒体掌握话语权成为常态，教育大环境面临新挑战。特别是，新媒体在负面教育事件中的推波助澜，强势少数主导网络话语，使教育者成为网络舆论中的弱势群体。民众高度关注教育公平与教育均衡的推进，关注学校与学生安全，对负面教育事件零容忍，对教育舞弊与腐败更为憎恨。

办好人民满意的教育，必须不断保障教育公平，强化师风师德教育，同时提升教师的新媒体素养，完善学校安保措施和重视学生安全教育，健全校园管理规章制度。

中国有着悠久的尊师重教传统，教师曾经作为一个神圣的职业，在社会中享有崇高的地位。天地君亲师在传统社会中具有绝对的伦理道德合法性和合理依据，对民众的物质生活和精神生活等各方面都产生了巨大影响。

随着现代科技的发展，世界一体化进程的不断加快，中国迈入了现代化进程之中。在中国与世界文化的接触、冲突、调适、触变与交融之后，传统教育理念也不可避免地发生改变，甚至一些冲突变得日益加剧，由此也形成了一系列的教育舆情。

当前，人民对教育提出了更多、更高、更现代的要求，办好人民满意的教育已成为一项迫切和紧要的任务。在党的十九大报告中，国家明确提出要“优先发展教育事业。建设教育强国是中华民族伟大复兴的基础工程，必须把教育事业放在优先位置，深化教育改革，加快教育现代化，办好人民满意的教育”。

办人民满意的教育，既要着眼于制定未来宏大的目标，又要着眼于解决当下的教育问题，尤其是要解决一段时间以来普遍存在的、人民意见较大的教育问题。教育政策与措施的出台，都应结合社会现实中存在的教育舆情以及教育舆情中的各种问题。只有正确把握教育舆情，着力解决舆情背后的各种问题，才能办好人民满意的教育。

一、当前我国教育舆情总体态势

1. 教育改革与发展成果得到舆论认可

近年来，我国教育领域的师资水平和办学条件不断改善，教育领域综合改革效果明显，社会对中国教育的满意度较高。

从高等教育的总体规模和毛入学率来看，中国已经达到世界领先水平。据科技部数据，2016 年，高校科研经费达到近千亿，这反映出我国教育近些年快速发展的总体面貌。

同样，中国基础教育也得到认可。英国 BBC 在题为《我们的孩子够强吗?》的纪录片中,讨论了中国孩子和英国孩子在教育中的得与失,并高度评价了中国的基础教育,这在中国的主流媒体和网络中都引起激烈的讨论。这一系列成就,无不体现了中国在教育领域中综合改革的良好效果。对此,中国的民众也给予了高度的认可和评价。

近些年,中国各级学校的办学水平和办学条件都得到了明显改善,教育质量得到相应的提高。从网络中的评论也可以看出,网民对中国的基础教育都非常自豪。但是,也有一些分析认为,中国的教育还需要大步追赶国际先进教育。

从总体来看,社会舆论整体都比较积极,教育一直保持着其正面形象,个别教育事件并未对中国教育形象造成颠覆性的破坏和影响。

尽管当前教育领域中仍存在一些矛盾和问题未得到完全解决,但党的十八届三中全会通过的《中共中央关于全面深化改革若干重大问题的决定》(简称《决定》)中,对全面深化改革的重要领域和关键环节作出重大部署,其中包括"深化教育领域综合改革"总体要求,明确了教育改革的攻坚方向和重点举措,对促进教育事业科学发展、努力办好人民满意的教育,具有极为重要的指导意义。

《决定》在教育领域中引起较大反响,因为这些内容关切了民生和绝大多数人的利益;整个社会尤其是学生和家长也在教育发展与改革的过程中,深刻感受到明显的变化。《决定》的提出与实施,对于提高国民对教育的信心起到极大的作用,对于改善中国教育现状也影响深远。

2. 高等教育改革与发展成果得到认可

自 2000 年我国基本实现"两基"目标之后,高等教育的改革与发展成为一个社会关注的焦点和特点。高等教育改革是教育综合改革中的一大难点。尽管我国高等教育发展面临很多困难与挑战,但是不容置疑的是,高等教育发展的成果得到了社会的普遍认可。

曾经的"985"、"211"工程的实施,尽管在社会舆论上有不同的声音,但是它们对于中国高等教育确实起到了极为明显的促进作用，使很多高校得到了迅猛发展。得到重点支持的大学，在人才聚集和资源相对集中的政策支持下，在追赶国际先进水平进程中成效显著。近年来，我国高校在世界各种大学排行榜上的位置得到了提升，得到了社会的普遍关注和认可。

为更好地促进中国高等教育更快更好地发展，发挥优势学校的龙头作用，国家最近提出建设"世界一流大学"、"世界一流学科"的重大决策。从名单来看，其涉及区域范围更广，受惠高校数量更多，对社会领域的影响也更大。这不仅改变了以往只争排名、重视综合发展水平的现状，也兼顾了地区平衡和学科平衡，真正实现了高等教育发展的百花齐放。

进入"双一流"建设名单的高校，对自身发展目标和定位更加具体、更加明确。从媒体报道来看，各高校相继出台了一系列的配套措施，坚定落实"双一流"的战略布局和具体任务。网络舆论显示，网民都将"双一流"战略视为中国高等教育的一个极为重要的发展契机，中国高等教育必将迎来更好的未来和更加快速的发展。很多网民认为，教育是一个国家的发展命脉和重要基础，教育的发展必将推动中国综合国力的迅猛发展，他们对于"2049年"计划的实现也具有极大的自信。

部分网民将中国近些年来的快速发展归结为中国正确、清明的政治领导和科学的经济政策，也有部分网民认为教育的发展才是根本。就此看来，依托高等教育打造人才强国，依托高等教育实现国家现代化已成为一种社会共识，这为国家各级教育政策的落实和实施创设了一个良好的社会舆论环境，也必将得到全体人民的全力支持。

3. 民众对中国教育事业的信心显著增强

党和政府始终坚持把教育作为财政支出的重点领域予以优先保障，国家财政性教育经费支出占国内生产总值的比例连续几年保持在4%以上，并在2016年首次突破3万亿元。《教育打造人才强国：从乡村学校变迁看教育深改》的作者，通过自己家乡学校的变化，感受到了中国教育事业的深刻变化,认为由于国家教育经费使用始终坚持“保基本、守底线、补短板、促公平”的原则,坚持向农村地区、贫困地区、民族地区和困难群体倾斜,教育的城乡、区域、校际和群体差距进一步缩小。

这一系列改变既是因为国家教育政策的改变,使得中国教育发展更为均衡、更为公平,也是因为相关教育法律法规的相继出台,保障了这些政策的顺利实施。国家教育法律法规的健全对于中国教育事业的规范化和法治化发展起到了极大的促进作用。例如,2016 年 6 月,《全国人民代表大会常务委员会关于修改〈中华人民共和国高等教育法〉的决定》开始实施;2016 年 11 月,全国人民代表大会常务委员会通过关于修改《中华人民共和国民办教育促进法》的决定。教育领域的“人治”现象明显减少,法律监督和社会监督都明显增强,相关的教育负面事件逐年减少。

教育法律法规使得中国教育的管理朝向更加科学化、规范化、体系化的方向发展。虽然网络中也不时爆出由于教育管理漏洞出现的负面教育事件,但这些事件大多集中在偏远、落后地区或者极少数学校之中。

4. 网络媒体使教育面临更多、更大的挑战

随着中国法治化进程的加快,社会主义核心价值观的深入人心,以及网络技术的发达,人们的权利意识和平等意识逐渐增强,这在教育事业中表现得极为明显。以往被视为正常的事情,在网络的放大作用下,可能会形成具有一定影响力的教育舆情。权利意识促使校园事件升级,依托媒体掌握话语权成为常态,教育大环境面临新挑战。

近些年网络中曝出的许多校园体罚甚至是虐待事件,让社会公众对教师的教育方式产生质疑,并由此造成了教师与家长关系的紧张。教师、家长与学生是一系列的利益共同体,但他们也有着许多不同的诉求,对问题的看法也不尽相同。例如,在实施独生子女政策之前,很多家庭都有多个子女,在教育上往往完全地委托与相信学校,教师具有很大的权力与地位;独生子女政策实施后,很多家庭只有一个孩子,家长对孩子的期望和教育的要求产

生了变化，加上家长收入的增加和家庭经济条件的改善，家长对孩子的教养方式也发生了变化，家长对待孩子的方式与教师对待孩子的方式之间的差异日益增加。

从身体观的角度来看，以往的身体更多地属于国家、社会和家庭，学校作为身体规训的场所，其教育过程本身就包括对于学生身体的规训。但现在学校更多的是仅仅作为学习文化的场所，学生的身体属于自身和家庭，如果教师仍旧坚持"全面教育"的方式，由此造成的冲突往往会引起家长和学生的不适应。

以往，在师生关系中，学生往往处于弱势和受支配地位。如果当前教育教学中一些教师仍习惯于传统的教育关系和教育手段，如运用体罚手段，代替学生做决定等，则会导致各种冲突和问题。一些教师认为，学生是未成年人，不具有独立做出正确决定的能力，所以，在教育的过程中运用强制的手段。有关这一方面的网络教育舆情目前呈增长态势，这并非现实状况的加剧，而是人们开始认识到问题的存在，并将问题曝光。

从网络舆论来看，作为家长，也将学生当成弱势群体，但家长的诉求是要"保护弱势群体"，并希望孩子能得到教师更多的呵护与关爱，家长不希望自己的孩子受到任何"不公正"、"不正确"的对待。权利意识的觉醒是社会文明的表现，师生关系紧张和教师与家长关系的紧张也是社会发展过程中不可避免的问题。问题的关键是教师、家长和学生对于自身权利和对方权利的认识存在偏差，相关的解释和规定暂时也处于缺位状态。在遇到问题的时候，矛盾双方都在依据自身的理解处理问题。

对相关教育舆情的情感分析发现，家长怒气冲冲，教师则满腹委屈。有些家长在无法通过正常渠道表达诉求的时候，普遍依靠网络发声，其网络话语也更多地依靠直观素材和较为激烈的语言。在此类网络教育舆情中，教师往往由于相关规定处于失语状态。因此，教育舆情中的舆论往往由家庭一方主导，学校和教师处于完全被动的地位。这一状况如果长期得不到改善，对于教育事业的发展非常不利。有关如何营造良好的教育舆论环境，探索教育如何适应新媒体的发展等方面的问题，逐渐成为学界和社会讨论的共同话题。

二、民众关注度较高的教育问题

1. 教育公平与均衡

当前，社会舆情还是普遍认为，优质教育资源分布不够均衡，大学生求职难度不断增大，教育强化了阶层固化现象。

在优质教育资源稀缺的现实条件下，其争夺就更为激烈，并由此造成了教育机会、成功机会的不均等问题，民众对此在新媒体中的争论也比较激烈。这主要是由于历史以及城乡之间、城市之间、地域之间经济、社会等方面的发展极不均衡，造成优质教育资源聚集分布而不是均质分布。并且这些优质教育资源具有封闭性、垄断性和排他性的特征，不能够实现社会共享和对社会开放，从社会公平的角度来看，其竞争范围也相对较小，这就出现了一些人“含着金钥匙出生”、“躺上名校”的现象。

很多网民认为，这对其他群体的人来说是不公正的。中国自古就有“不患寡而患不均”、“均贫富”的思想与传统，消除特权，实现教育“入口”的平等是人民的良好愿望。在此方面，一些人借鉴美国等发达国家对教育资源配置的经验，认为政府应该通过政策调控，促进优质教育资源的合理流动，让更多的人受益。

在教育的出口方面，教育曾被认为是改变命运的“唯一途径”，高考制度也确实帮助很多社会底层的人转变了命运，促进了社会的良性流动。但也有网民认为，目前“外致因素”的作用远远大于“自致因素”，这也基本反映了目前普通大学生求职难的现状。网络中流传着很多不同版本的不同出身学生的专业对比，以恶搞的方式对比了不同家庭背景下的大学生就业情况。

有学者认为，中国社会一定程度上是一种“洋葱头”形或者“蜡烛台”形的社会，最底层越发庞大，自底部往上就一路孱弱始终无法壮大，中间阶层不大，头也不大，一种瘦弱无力的社会骨架，根本无法支撑现代化发展。如果教育无法使“民间精英”向更高的社会阶层流动，那么社会正义就会受到质疑。

《人民日报》(2017 年 4 月 13 日)曾以王宝强为例，发表了《“阶级固化”论调不成立，王宝强就是例子》的文章，说明中国的社会性是健康的，这遭到了网友的一致怒怼。如有网友就发表了不同观点——“拿王宝强来证明社会流动是脑子进水了”，指出偶然性的成功不具有代表性，个别案例并不能证明中国社会流动的整体状况，因为依靠证伪并不能驳斥“阶级固化”的观点。这从一个方面也体现出目前主流媒体的有些宣传方式存在问题，任何社会的阶层流动都会存在壁垒和堵塞情况，片面地宣传事物的正面就会粉饰太平，忽视问题的存在。近些年，我国政府做出许多努力，推进社会公平正义，推进社会良性流动，解决社会流动中存在的问题，这也得到了社会的高度认可。

2. 学校与学生安全

安全的需要是人最基本的需要之一，校园曾被认为如“象牙塔”般存在于世上，但由于一些校园欺凌、校园暴力、校园虐待事件频频在网络中曝光，校园安全引发世人忧虑。

随着自媒体的发展，更多图片、视频等更直观的相关信息暴露在人们的视野之内，校园的恶性涉暴事件令人触目惊心，网络中的评论也显示了网民对于此类事件的愤怒情绪。

目前，校园欺凌事件已成为每年教育舆情中的重要内容，相关部门领导对此也高度重视。对比国外校园欺凌事件，我国并不牵涉太多的种族歧视、政治观点差异等，更多的是因为现实的冲突。

李克强总理曾提出，校园应该是最阳光、最安全的地方，这是我国校园文化的基本目标之一。校园欺凌不仅对受害者的身体产生了伤害，对受害者精神的影响更大，对受害者的人格成长也具有长远影响。

最高人民法院的调研报告说明，校园暴力在我国时有发生，但是情况复杂，违法与犯罪交织，且多数事件未进入司法程序追究法律责任，加上目前缺少统一的事件报告、统计制度，导致难以了解我国校园暴力发生的真实情况。

校园虐待是另一项引爆网络的教育舆情，2017 年度的“红黄蓝幼儿园虐童事件”引发了社会公众的关注。虽然警方经过深入、缜密的调查，对谣言进行了核实和处理，但并没有打消公众的质疑，并没有平复公众的不满，在舆论指向上由最初的幼儿园方转向了更高的监督管理部门和执法部门。民间资本介入教育事业发展程度的加深，带来的是更多新问题的产生，也为教育治理提出了更多难题。如民办教育的教师资质问题、教师综合素养问题、教育过程监管问题等，都与公办教育有着很大的不同。虽然有关民办教育的相关政策逐渐出台，但在落实中受到资本的极大影响。

教育发展规律和资本发展规律有着本质的区别，如果教育完全受资本的控制，则会偏离教育目标。“红黄蓝幼儿园虐童事件”发生之后，网络中的议题指向有两个重要方面，一是民办幼儿园的管理，二是如何提升幼师素质。有媒体认为，提高幼师素质、抬升准入门槛、完善幼师培养，是解决此类问题时不能绕开的一环。严惩虐童幼师与关心幼师待遇和培养，是一个硬币的两面。十九大报告明确宣示，要在幼有所育、学有所教、劳有所得、病有所医、老有所养、住有所居、弱有所扶上不断取得新进展。“许多需要的东西我们可以等待，但是孩子们不能等”，孩子们是属于未来、属于明天的，但保护孩子需要从今天开始，吹散虐童阴影，守住“幼有所育”的底线，才能让“全体人民共建共享发展”的温暖目标得以实现。

3. 负面教育事件零容忍

文艺复兴以来，科学技术获得巨大发展，科学的口号是“没有什么不能质疑”。在科学的不断质疑之下，很多传统的价值观被不断解构。其中，“教师是人类灵魂的工程师”曾是被人深信不疑的名言，教师被认为是一项神圣的职业，但现在也面临“祛魅”的境地。

不可否认的是，随着大众教育的兴起，庞大的教师队伍确实一直存在教师教育方式、管理方式不当的问题，教师的综合素养需要与时俱进。同时，现代媒体，尤其是新媒体对于教师群体往往持双重标准，因为对于教师的要求相较于其他行业更高。公众对于负面教育事件的容忍度明显偏低，有时甚至是零容忍。

有教育学家曾说，工业产品可以有残次品，但教育不可以有。但即使在六西格玛管理技术要求下，工业产品的出错率仍有3.4%左右的许可范围，也就是说绝对的完美并不存在。也有部分教师认为，对教师行业的整体情况应理性地对待，过于严苛的要求往往会起到相反的作用，不仅会限制教师的创造性工作，还可能会引发教师“不作为”的现象。

网络教育舆情显示，一些网民往往将现实中存在的个别现象混同于教师整体状况，这就使得个别教师的行为影响教师的整体形象。教师的身份确实有其特殊之处，教师不仅需要有扎实的专业知识、良好的教学技能和教学艺术，还要有崇高的道德修养。与教师受过系统高等教育和付出辛勤汗水不相称的是，教师的收入和待遇明显偏低。即使这样，绝大多数教师仍忘我地投入工作。

如今媒体过于关注事物的负面现象，往往通过片段来概括和反映事物的整体状况，以求得最广泛的关注。国外学者认为，如今媒体对教育的监督作用大大强于以往，处于“共景监狱”管理方式下的教师被严格地进行监控，教师的行为必须完全地符合标准和规范。

在教育舆情中，我们经常可以从网络中看到学生摄制或者录制的有关教师的视频材料，但却极少出现教师录制学生的。除个别刑事案件外，教师对于学生不当行为的处理往往限于校内，而教师的不当行为则会出现在网络中。

通过对近些年教育舆情分析可以发现，如“教师猥亵小学生”此类刑事事件影响极坏，但也属于极少数，绝大多数有关教师的教育舆情都与师风师德有关,属于道德范畴之内。这说明,需要进一步规范教师言行,促使教师更加适应新媒体,更好地利用新媒体。

4. 教育舞弊与腐败

中国教育网曾以"教育之'恶现状'"为题,对学术腐败、校官腐败、行政腐败、招考舞弊现象进行了披露。编者以武汉大学原常务副校长陈昭方和原党委常务副书记龙小乐涉嫌在基建工程中巨额受贿等问题为例,指出武大这一"地震式"腐败案再一次敲响了"教育腐败"的警钟。编者直指目前教育领域腐败频发的现状,并为发生的一系列事件痛惜,认为痛定思痛,人们更应该思考教育界、学术界应该怎样行动起来,去共同撑起一片澄净明亮的天空。

在教育部开展工程建设领域突出问题专项治理工作视频会上,前教育部部长袁贵仁指出,当前,有些单位在工程建设项目决策中存在随意性;有些项目违背建设规律和基本建设程序,存在"赶工期"现象;有些领导干部不注重建设管理知识和有关法律规章的学习,工作安排不规范;有些基建管理人员放松警惕;有些领导干部甚至走上了犯罪的道路。

比校官腐败和行政腐败更加令社会不满的是学术造假和招考舞弊,有关这方面的舆情关注度明显高于前两者。招考舞弊影响了人才选拔的公平性,学术造假则造成了教育经费、教育资源的极大浪费,也会造成教师道德的沦丧,甚至产生不良的国际影响。

据美国《国家科学院院刊》发表的"有关论文撤销的研究报告"指出,英国出版商撤销的造假论文中,九成论文的作者是中国学者。不久之前,学术出版商施普林格出版集团一次性撤销了涉嫌造假的107篇文章,论文作者均来自中国,涉及的单位不乏全国知名的三甲医院和重点高校。此次撤稿事件让学术界深感震惊,也在社会上引发广泛关注。

此外,韩春雨团队主动申请撤回其于2016年5月2日发表在《自然·生物技术》期刊的论文事件也引起很大争议,一些学者认为这个事件严重影响了学术的严肃性和中国学界在国际上的整体声誉。

三、我国教育舆情问题产生的原因

1. 教育传统渐被解构

师者,传道受业解惑也。古人将传道作为教师的首要职责,认为教育最重要的是教学生做人的道理,这种“成人”、“成圣”的教育方式也是我国一项优良的传统。在传统理念中,“道”是高于“业”和“术”的,以往对人才的考察和选拔中,也将“道德”作为最重要的标准之一,教师更是社会道德的典范而受人尊敬。

在师生关系中,弟子视师如父,学生从小就开始背诵“弟子规”,学习如何更加符合“礼仪”地对待教师。社会道德纽带的联结会维系师生之间一生的良好关系,师生肩负起各自的道德责任。在现代社会,尤其是在应试教育之下,师生关系成了一种工作关系,师生之间的联结成了一种松散的弱联结,原有的道德体系被新型的教师关系和职业道德所替代。有人曾将教师形容为生产线上的工人,学生成了工厂的产品,这种机械的关系部分淡化了以往温情脉脉的师生情感,也逐渐消解了师生肩头以往的那份神圣的责任与义务。

不可否认的是,绝大多数教师和学生仍固守着师生关系的道德基准,维系着师生之间的良好关系,保有着人性中最光辉的爱与善,让学校成为最阳光的地方。但应试教育的形式也确实对师生关系造成了影响,对少数教师和学生产生了消极作用,也正是这少数的教师引发了如“虐童案”等诸如此类的教育事件,形成了影响社会的教育舆情。

2. 争夺优质教育资源

当前,社会流动的困难造成了人们社会压力和生活压力的持续增长,洋葱头形或蜡烛台形社会阶层模式使人们向更高阶层流动的难度不断加大,在各个领域都存在万人争过独木桥的现象。社会压力增大倒逼人们争夺教育资源，社会竞争加剧致使非常规手段增多，追求自身利益的最大化使矛盾升级。

这在教育中的体现更为明显，“不让孩子输在起跑线上”成了家长奋斗的一句口号，“天价学区房”、“天价幼儿园”等也应运而生，家长对优质教育资源的争夺达到了空前惨烈的地步。中国改革开放之后，随着经济结构和政治结构的调整，社会中可用以不当得利的“结构洞”明显增多，这也为一些人使用非常规手段获取利益提供了可能。在传统道德被解构，社会竞争加剧的情况下，一些人开始铤而走险，由此产生了教育领域中的学术造假、行政腐败、招考舞弊等行为。

此外，在教育事件中，当事人都在追求自身利益的最大化，而网民则容易将自身利益视为社会整体利益，将自身诉求视为社会整体诉求，教育事件经网络的推动和放大，有时逐渐偏离事件的真相，成为具有一定影响力的教育舆情。

3. 少数人主导与话语解构

在网络教育舆情中，网民积极发声的很多时候并不能完全代表全体人民的总体意愿，网络声音经常被部分人所左右，部分不同的声音也经常受到攻击而造成大多数人的失语。

国外媒体认为，现在的网络已经进入“后真相时代”，人们更愿意相信自己的判断，更愿意相信负面的信息，真相在情绪面前已经变得微不足道。所以，我们看到，在网络教育舆情中，很多人在并不了解真相的情况下就开始进行批判和攻击，甚至有些攻击与该教育事件并不相关，这些人所要表达的只是个人的主观看法，而非客观、理性的认识和评价。

在教育事件的网络舆论形成中，教师成为被评价、被批判、被攻击的一方，他们毫无还手之力，甚至因为种种限制，不能进行解释。现在兴起的人肉搜索，对教师的杀伤力尤其强大，由于与事件不相关的很多信息被完全披露，当事人被置于自媒体的放大镜之下，变得更加的无助。这使事件的影响显得更加可怕，甚至一些谣言都有可能被人们深信不疑。在种种因素限制之下，教师成为网络舆论中的弱势群体，新媒体则在教育事件中起到了推波助澜的作用。

4. 社会对教育的介入

学校曾被认为是一个相对封闭的场域，但这种状况随着新媒体的发展被完全改变，教育事件不单单是教育系统内部的事情，而是经常会演变为社会事件。比如有的教师体罚学生若被拍下视频传到网络上，在网络上常会引起较大关注，相关上级主管部门就会出面进行解决。在问题的解决过程中，网络舆论还会在很大程度上影响处理结果。

一些社会观念也逐渐地向学校渗透，例如，学生之间攀比成风，"比家长"、"比出身"、"比名牌"已成为一种潮流。近些年，社会上的经济资本也开始慢慢进入学校，并对教育产生较大影响，清华"真维斯楼"就曾引起很大的社会争议。学校的产业化发展模式，势必会不断追求经济效益和规模效应，这使得教育质量的把控变得困难。发展教育产业必须要有完善的法律法规体系和监督体系作为保障，民间资本对教育的介入，管理主体多元化，以及形形色色的社会教育模式的形成，使教育治理难度加大，教育市场的规范化任重而道远。

5. 教师社会形象受损

在权钱至上、利益至上、消费至上的社会风气影响下，教师由于待遇不高，其成就感本身就处于较低水平，很多人认为教师已不再是一个非常体面的工作。不合理的应试教育同时也在摧残着教师的成就感，并降低学生及家长对教育是素质培养而非升学工具这一理念的认同感，导致家长认为孩子考得好是因为学得好，而孩子考不好则是因为教师教得差，将教育、教师当作辅佐子女踏上康庄大道的工具。

无论是在基础教育还是高等教育领域里，部分教师所存在的举止不得体和将个人经济利益置于教育工作之上的不良问题，导致教师公众形象受到损害。更糟糕的是，教师的形象和教学工作相互影响，即公众愈缺乏对教师的尊重，教师中就越容易出现破窗效应，而部分教师在教学时越“破罐子破摔”，公众就越难以形成对教师的尊重，如此恶性循环，问题容易愈发严重。

四、如何办好人民满意的教育

1. 关键特征

教育兴则国兴，教育强则国强，办好人民满意的教育意义深远。通过对教育舆情进行全面的分析，我认为人民满意的教育应符合如下六个特征：

第一，高尚的教育。

人民满意的教育必须是一种高尚的教育，教师是一种高尚的职业，并具有高尚的道德情操，教师是社会的道德标兵；学生具有高尚的品格，并严格遵守相应的道德礼仪和行为规范。学校不仅要培养祖国未来的建设者，还要成为落实和弘扬社会主义核心价值观和正能量的主要阵地，成为培养拥有社会责任感的合格公民的主要场所。教师要成为阳光下最神圣的职业，学生要成为祖国未来的花朵。

第二，公平的教育。

人民满意的教育必须是一种公平的教育，这体现在教育的起点、过程和结果中。教育要尊重绝大多数人的意愿，符合绝大多数人的利益。国家要切实解决好入托难、入学难、外来务工人员子女就学难、普通大学生就业难、教育资源配置不合理、农村大学生比例偏低等问题。

第三，和谐的教育。

人民满意的教育必须是一种和谐的教育，教育应以人为本，体现人文关怀，政府和媒体要努力营造良好的教育环境，教师工作要得到社会的认可和尊重，学生的主体地位要得到应有的保障，学校要得到家长的全面支持，师生关系、教师与家长的关系要处于良性的互动状态。

第四，规范的教育。

人民满意的教育必须是一种规范的教育，不仅是教育管理过程符合规范，即在教育收费、招考、学术管理等方面符合规范，教师、学生、家长的行为和言语也都应符合规范，各主体的言行都有所依循和保障。这就要求要大力整顿目前教育存在的不规范行为，努力消除教育市场中的种种乱象，克服教育产业化带来的种种弊端，还学校一方净土。

第五，安全的教育。

人民满意的教育必须是一种安全的教育，学校要让家长放心，让社会放心，学校要成为人才成长的净土和乐园，逐步消除校园暴力、校园虐待事件的发生，使学生在身体和心理方面的发展得到完全的保障。学校要建立危险预警与应对机制，既能防患于未然，又有能力应对突发事件，将安全事故发生的可能性降到最低。学生要掌握必要的安全知识和自我保护技能，能够预防和应对一般性和突发性的危害事件。

第六，科技的教育。

人民满意的教育必须是一种科技的教育，学校不仅是传授知识的场所，还是知识生产和创新的场所，是一个国家科技发展的重要推动力量。学校应能够运用现代科技成果，保障教育质量；运用新媒体，实现与社会、家长的良性沟通；大力推动知识创新和技术创新，消除学术腐败和学术造假，使学校成为新知识、新技术、新理论的策源地。

2. 主要建议

第一，全面落实教育公平。

从社会舆情的角度来看，人民最关心的是机会的公平而非整体效率，尤其是教育的起点和终端的机会均等。国家应确实落实社会主义平等、公正的核心价值观，确保每个人享受平等教育的权利，并提供平等教育的机会和条件，提供均等的教育成功机会。在教育资源的配置过程中，要促进优质教育资源的均质分布和良性流动。

第二，加强师风师德建设。

必须把师风师德建设作为学校工作的重要内容，不断完善教育道德体系，坚持正面宣传和引导，弘扬中国优秀的师风师德传统，不仅要切实提升教师的思想政治素质和职业道德水平，优化制度环境，增强教师教书育人的光荣感、责任感和使命感，也要不断增强教育管理者的综合素养和领导能力，形成尊师重教的良好社会风气。

第三，教师学会使用新媒体。

应不断强化教师的新媒体素养。教师要了解并善于运用新媒体传达正面信息，擅于运用新媒体与社会进行沟通，逐步消除公众对教师群体的片面认知，学会利用新媒体进行危机公关处理。

第四，确保校园和学生安全。

需要完善学校安保措施，杜绝意外事故的发生，要对学生进行法制教育和身体观教育，落实李克强总理提出的让学校成为"最安全、最阳光的地方"的指示。

第五，有效预防负面教育事件。

健全校园管理规章制度，规范教师的行为和学生的行为，理顺学校与社会、教师与学生、教师与家长之间的关系，强化权利和责任意识。要切实处理好典型的校园冲突事件，并进行广泛的宣传，形成良好的社会舆论环境。

第十二章
“人民满意的教育”的四项原则

程　亮　华东师范大学教育学部教育学系教授，博士生导师，基础教育改革与发展研究所研究员
主要从事教育基本理论和教育伦理学的教学与研究工作

石雪丽　华东师范大学教育学系博士研究生
主要从事教育政策学方面的研究

内容提要

在新时代的背景下，教育不只是实现人民美好生活的手段，它本身就是人民美好生活的组成部分。办好人民满意的教育，就需要确保每个孩子不仅有平等的入学机会和教育权利，而且都能达到成为社会主义建设者和接班人所要求的“基准”；关注教育上重要的差异，促进每个孩子的个性养成和个性化发展；提供丰富多样的教育生活，增进教育历程的选择性；促进教育系统的内外开放，推进教育化社会的建设。

党的十九大报告进一步明确要求，必须办好人民满意的教育。这不仅是新时代我国社会主义教育事业发展的重要使命，而且从根本上体现了党带领人民创造美好生活的根本目标。教育作为民生工程，切实关涉到全体人民的利益，它不仅对人们生活机会的扩大和生活水平的提升具有基础性的意义，而且影响到人们对美好生活的正确认知和积极追求。从这种意义上说，教育不只是实现人民美好生活的手段，它本身就是人民美好生活的组成部分。

在新时代的背景下，办好人民满意的教育的政策含义就在于，教育事业发展要"不断满足人民日益增长的美好生活需要"，让人民真正有更加充实的获得感、幸福感、安全感。要真正落实这一政策目标，必须坚定不移地贯彻党的教育方针，依靠党的坚强领导，需要全社会的共同参与和广泛支持，同时也需要回到教育系统的内部，依循教育自身的逻辑，落实立德树人的根本任务，扎实推进各项教育工作。在这里，主要基于教育（特别是公共教育）本身的性质和结构，阐释办好人民满意的教育的政策意涵和实践要求。

一、着眼基准，确保每个孩子都能"上好学"

改革开放以来，我国经济与社会快速发展，教育事业获得了长足的进步。特别是随着九年义务教育的全面普及和人民教育需求的不断提升，我国教育的公共供给逐渐从确保所有适龄儿童都"有学上"转向确保他们都能"上好学"。前者意味着所有适龄儿童都有平等地进入学校接受教育的机会，后者关注的则是所有孩子都有机会进入学校并获得相同或相近的发展。这种转向也与新时代我国社会主要矛盾的转化相关，反映了新时代人民对享有公平优质教育的共同需求。

从这种意义上说，办好人民满意的教育，已经不限于保障每个人都享有平等的入学机会和教育权利，而且需要提供充分的资源和条件，确保每个人都在学校教育中获得基本的发展。

1. 确保所有人都“有学上”仍是基本前提

从根本上说，由国家提供的公共教育是属于且面向全体人民的，是服务于全体人民的根本利益的。这一性质决定了它不得忽视、排斥或剥夺任何适龄儿童进入的权利和机会，这也是通过法律予以保障的。新时代的教育仍需进一步巩固和扩大这项基本的权利和机会，在继续加强“控辍保学”的基础上，重点解决处境不利群体的入学机会问题。

据统计，2016 年我国小学学龄儿童净入学率达 99.92%，中学阶段毛入学率为 104%，整个义务教育的巩固率为 93.4%，已经相当于甚至超过高收入国家平均水平，但是仍有少数学生未能进入学校或完成义务教育，因此“控辍保学”仍是巩固平等教育机会和权利的政策要求。不过，在确保所有人都“有学上”方面，当前重点应该是那些在社会中处境不利的群体，尤其是在城市化或城镇化进程中出现的进城务工人员随迁子女和农村地区的留守儿童，以及由于先天或后天因素导致的有发展障碍的儿童。

有数据表明，2010—2015 年间我国农村留守儿童均在 2000 万左右，2016 年全国义务教育阶段在校生中进城务工人员随迁子女共 1394.77 万人。如此庞大的群体，对国家的公共教育供给和学校教育安排提出了新的挑战。2011 年，教育部与中国残联开展了一项摸底调查，当年全国实名登记的未入学适龄残疾儿童少年有近 8.3 万人！

为了保障残疾儿童的受教育权，2017 年教育部等七部门联合颁布的《第二期特殊教育提升计划(2017—2020 年)》提出，到 2020 年残疾儿童少年义务教育入学率达到 95%以上。如果这些群体不能享有最基本的受教育权和入学机会，那么很难彰显我国社会主义教育的优越性。

2. 确保所有人都“上好学”是教育的内在要求

尽管人们可能期望国家应该促进每个孩子的自由而全面发展，但是这个期望是否能够得以充分实现，必然受制于经济与社会的整体发展水平。国家确实需要保障每个孩子都在学校教育中获得某些发展，但国家又不可能投入无限的资源以满足每个孩子的发展需求——这种需求可能是没有止境的。

在经济与社会发展还不充分、不平衡的背景下，国家的首要责任主要在于为每个孩子提供充足的资源，确保每个孩子都在学校教育中获得基本的发展，为他们创造美好生活、成为合格社会成员奠定共同的基础。这种所有人都应达到的基本发展，可以看作是教育的“基准”。它的规定性究竟是什么？要回答这个问题，就需要回到国家的教育目的，即培养德智体美全面发展的社会主义建设者和接班人。这个目的对我国各级各类教育培养人的形象或规格提出了总体要求。其具体标准，在不同的社会发展阶段也是在不断变化、不断丰富的，从“双基”到“创新精神与实践能力”，从“学生发展核心素养”到“关键能力”等。

2017 年 9 月颁布的《关于深化教育体制机制改革的意见》(以下简称《意见》)在立德树人方面，强调社会主义核心价值观的引领，开展理想信念教育、民族精神和时代精神教育、道德教育、社会责任教育、法治教育等，同时要求在培养学生基础知识和基本技能的过程中，强化学生关键能力培养，具体涉及认知能力、合作能力、创新能力以及职业能力等方面。

这些要求是面向所有人的，也是所有人都应该达到的，而且它们本身就是人们追求和创造美好生活所必需的，因而也构成了新时代教育的“基准”。这些“基准”要求学校教育不应该为了一部分人的升学目标，降低甚至放弃对其他学生的“基准”要求；同样也不能因为某些学生拥有某个方面的特长，而降低其在成为“德智体美全面发展的社会主义建设者和接班人”方面的“基准”要求。

事实上，即便是在义务教育阶段之后，对于所有学生来说，也存在着相应的“基准”问题。

3. “基准”的达成需要基本的教育供给和有力的制度保障

任何“基准”的达成或提升，都需要相应的资源和条件，包括经费投入、师资配备、课程资源、硬件设施等，而且要求国家为所有孩子达成“基准”提供基本的教育资源和条件——这里的"基本"不是充分意义上的，而是必要意义上的，或者说最低限度意义上的。

但这并不是指简单的资源或条件平等，对于那些进入到教育系统中的残障儿童及其他处境不利的儿童，国家显然要提供比正常情况下的儿童更多的教育资源和更好的教育条件，才能使他们也达到"基准"的层面。除此之外，国家也需要加强监控和评估教育质量，但是这种监控和评估应该是基于"基准"的，而不是针对"升学"、"特色"、"个性"之类的指标——这类指标本身并不是面向所有人的，也不适合所有学校，更不是公共教育本身所内含的。

总体来说，迈进新时代，国家需要确保所有人都有平等的入学机会和教育权利，且所有人在离开学校的时候都能达到成为社会主义建设者和接班人所要求的"基准"。坚持"基准"就是强调教育过程的公平，确保教育的质量，追求一种"有质量的公平"和"有公平的质量"。这是人民满意的教育的首要标准，它事关每个人对美好生活的追求和创造，也涉及中华民族伟大复兴的基础，更体现出社会主义教育的优越性。

二、关注差异，促进每个孩子的个性发展

无论是从国家还是从个体的角度来看，教育确实蕴含着让所有孩子达到某个"基准"的公共理想。但这并不意味着教育只关注共同的目的，而不考虑个体的差异，也不意味着它只关注共性的培育，而不考虑个性的养成。事实上，除了这种面向所有孩子的共同的、统一的、底线的"基准"要求之外，现代教育还需要尊重和适应个体的差异，促进他们的"个性"养成和"个性化"发展。

1. 关注教育上重要的差异

无论我们是否承认，个体之间总体上是千差万别的。这种差异表现在各个方面：有性别、血型、身高、体重、视力、速度、耐力、动作等生理方面的差异；有性格、气质、能力、兴趣、需要、情感、意志品质等心理方面的差异；还

有更加广泛的社会文化方面的差异等。教育学和心理学的相关研究都表明，个体之间在身心方面存在着发展水平和发展速度的不同，学生的智力、性格、认知方式等都存在明显的个体差异。

加德纳的多元智能理论告诉我们，学生个体之间存在着智能差异，且每个学生都具有自己独特的发展潜能。其中，有些差异是无法改变的，比如孩子的家庭背景、性别、民族、种族等，这些因素会对孩子的个性发展产生重要的影响，但是这些因素并不足以在教育上成为对孩子进行区分的依据或标准，而且教育常常需要把这些因素排斥在外，才能维持自身的公平正义。

但是，有些差异却具有教育上的重要性，比如学生在发展特点、成长需求、内在潜能、职业性向、优势特长等方面的不同，需要得到教育上的尊重，构成了对不同孩子施以不同教育或者使他们获得不同成就的依据或标准。

2. 促进学生的个性发展

这既不是一味让学生盲目追求个性的差异，忽视个性的完善，放任个性的需要，也不是传统意义上将尊重差异看成是让每个学生得到一致发展，依据个体差异来进行取长补短式的均衡发展。在现实教育教学中，一些艺体特招生沦为"学习困难户"，原因无非是为了艺体的训练而忽视了文化课的学习。

实质上，让学生有差异地发展是立足于每个学生客观存在的差异，让每个学生在自身所具备差异的基础上得到最好的发展，而不是盲目地追求个性或者不顾事实地强调整齐划一，这样不可能面向全体学生，也不可能使学生都得到适当的发展。教育应该重视每个学生的个性发展，并且引导学生的个性特长能够得到充分的发展。从尊重、保护、发展学生的个性来说，就是要承认个性差异，区别对待，充分支持学生优势潜能的开发。

发展学生的兴趣专长，特别是对于一些在某些方面具有特殊天赋和才能的学生，更应该提供发展的平台和机会，促使其特长得到充分的发展。面向全体学生的发展，不是像工厂生产的产品一样"批量化"、"标准化"，而是让每个学生根据自己的特点和条件都得到适合自己特质的发展。

如今，如何在教育机会均等，教育资源均衡分配的前提下，提供适合不同孩子发展需要，促进其个性发展的适切性教育，这恰恰是“人民满意的教育”最需要思考的，也是我们最迫切追求的价值取向。

3. 提供适应差异的教育

差异化在这里不是指简单意义上的对不同学生的区别对待，而应该是基于学生个体的差异性，提供类型多样的、特色鲜明的、适应个别差异的适切性教育，让不同能力的学生受到不同的教育，使教育适合每个人自身的特点和要求，从而使每个人都能得到应有的发展。

通常情况下，学校教育面对的是未成熟的学生，每个学生都有自身的个体发展特点，也有不同层面的教育发展需求。我们应该尊重学生客观存在的差异，也必须承认其自身发展的个体价值。在接受教育的过程中，强调基准不代表漠视学生差异，达到基准也不代表着趋同。

让学生达到基准层面的教育只是教育促进人的发展的一个根本前提，而学生是否真正地从教育中受益，除了达到教育的“基准”，更重要的是教育是否适切个体本身，促进其个性发展。平等而有差异的教育才是“人民满意的教育”更深层、更本质的内在要求。随着教育的不断发展，人们对教育的期待和诉求明显多样化和个性化，教育追求的重点也开始从基本知识和技能转向个性发展。

如何在尊重个性差异的前提下，提供适合个体自身发展的、能最大程度挖掘个体潜能的差异化、个性化、多样化、特色化教育将成为新时代背景下教育追求的主旨与核心。

三、走向多样，增进教育历程的选择性

让所有人都达到共同的“基准”，是否必然就要求所有人都有相同的教育历程呢？也就是说，所有人是否都要学习相同的课程，都要在学校中度过

一样时长的生活？假如我们承认个体之间在先天禀赋、知识基础、学习能力或速度等方面存在不同程度的差异，那么在目标或“基准”给定的情况下，就必然存在不同的达成目标或“基准”的历程。这就意味着，即便目标或“基准”是相同的，也并不必然要求达成目标或“基准”的教育历程是相同的。显然，人民满意的教育不应该是只有一条道路的教育，而应该根据个体发展的差异性，提供丰富多样的教育生活，以增加教育历程的选择性。

1. 增加学校的选择性

首先，要保证学校类型的多样化。在现代社会中，教育作为一种准公共产品，应该给孩子及其家长提供更加多样的选择机会。比如，在新西兰，孩子的父母及照顾者有权利选择自己孩子就读的学校。基于满足父母和社区的需要，同时还要照顾到文化差异性的理念，新西兰设立了种类繁多的学校，有公立学校、综合学校、私立学校、教会学校、寄宿学校、特殊学校、家庭学校和函授学校，部分地区还设有专门为土著毛利人办的学校。我国是一个历史悠久的多民族国家，也要根据具体国情和不同地区人民群众的需要，提供诸如公立学校、私立学校、特殊学校、国际学校等不同类型的学校。为学生提供多种学校类型选择，这是我国学校多样化发展的主要努力方向。

其次，要保证学校内涵的多样化。学校是学生受教育的主要场所，立足于为每个学生提供多样化选择的教育，学校发展必须走向多样化和特色化之路。当每一所学校都能够拥有适合自身发展的教育目标和教育追求，形成自身独特的校园文化和氛围，凸显出学校自身的独特理念和内涵时，每一位受教育者就有可能根据自己的兴趣和发展可能性来进行适合于自己的选择。在这种背景下，学校教育才是为受教育者提供了自由灵活选择的空间。多样化的学校发展，乃是为每个学生提供多样化选择教育的必要条件。

2. 增加课程的选择性

首先，要丰富学校的课程门类与内容。要鼓励学校对国家课程、地方课程和校本课程进行科学整合，并在此基础上着力打造学校自己的特色课程体系。学校可根据自身的办学理念和办学特色，通过整合、补充、拓展等方式，对课程进行再加工和再创造，形成包括自然科学课程、艺术课程、人文课程、社会实践课程的特色课程体系，满足学校学生的多样化需求。

其次，鼓励学校结合自身办学传统优势和学校课程资源优势，加强校本课程的设计开发，使其能够“立足于学生的不同需求而呈现多元化的特点”。学校要不断丰富校本课程的种类和内容，突出校本课程的多样化和可选择性，增强校本课程对学生的吸引力，满足每一个学生多元潜质发展的需求，拓展和培养学生的学习兴趣。

再次，鼓励学校增设特色活动，丰富学生的课余生活。如每个学期初的新生入学仪式，每年元旦的岁末迎新系列活动，每周一次的升旗仪式上的集体朗诵，每个学生在母亲节为妈妈发一条“感恩短信”……这些人人参与的活动经不断完善之后成为学校的常规活动，而且要结合时代发展不断赋予其特殊的意义，使之逐渐成为学校的特色活动。

此外，《意见》也明确指出要“建立健全课后服务制度，鼓励各地各校根据学生身心发展特点和家长需求，探索实行弹性离校时间，提供丰富多样的课后服务”。因此，除了学校日常的常规特色活动，还可以在放学后增设一些家校联合方面的亲子游戏等项目，既丰富了学生的课余生活，又增强了家长和孩子之间的感情，也极大地减轻了家长的负担。

3. 采取弹性化的管理

首先，在坚持国家三级课程管理制度的框架下，应该给予学校更大的课程管理自主权，增加其基础性课程的差异性和选择性，即使是在达成“基准”的过程中，也可以提供不同内容的课程。鼓励学校对基本课程做校本化处理，将课程教材和学生的日常生活经验相结合，增加课程素材的多样化与选择性，促进学生的个性发展。

其次，鼓励学校制定多样化的培养方案。学生的成长过程并不是千篇一律的，学校要鼓励学生接受差异化的课程学习，通过不同的学习历程达到共同的“基准”。

再次，实行柔性的教学管理制度。学生在学习期间，可以根据自身的实际情况调整自己的学习计划和学习进程，从而适当地缩短或延长修业年限。比如，允许学生通过某种程序或者考核在达到阶段“基准”的情况下提前进入到下一阶段的学习。

四、促进开放，推进教育化社会的建设

开放的社会要求教育的开放。在新时代的背景下，人民满意的教育不会是僵化封闭的，而应是内外开放的。这不仅是适应学习化社会和终身教育理念的需要，也是现代教育系统发展的内在要求。

这种开放，既涉及教育系统内部不同层次、不同类型之间的相互开放，也涉及教育系统与其他社会系统之间的相互开放，更与信息技术所触发的教育时空有关。在这种开放的观念下，承担教育责任的就不只是学校和教师，处在这个社会中的所有机构和所有成年人都在不同程度上肩负着对年轻一代的教育责任。从更加积极的意义上说，这样的社会是一个教育化的社会。

1. 教育系统的内部开放

在教育系统内部，要促进教育不同学段之间、不同类型之间的相互开放。首先，应围绕立德树人根本任务，以学生发展需求和学校课程项目为重点，加强不同学段之间的衔接，形成纵向贯通的育人体系。在现实中，常常会出现学段之间在目的或课程上的断裂，比如有些学生在小学阶段通过特色的课程学习，形成了文体方面的优势特长和发展需求，但是进入初中阶段，学校不再提供这类课程，不能进一步发挥他们的优势和满足他们的需求。这种情况不仅使教育缺乏整体性和连续性，而且造成了教育资源上的巨大浪费。

无论是从个体发展的连续性还是从立德树人的统一性来看，为避免学段之间的相互割裂，需积极探索家校衔接、幼小衔接、初高衔接、高中与大学衔接的有效机制，同时也有必要建立九年一贯、十二年一贯甚至包括更长学段的学校。

如果从聚焦关键能力的培养出发，对普通教育和职业教育重新定位，需要加强普职融通，形成横向关联的育人体系。这也是国际教育发展的一个显著特点。比如，英国正在逐渐打破普通高中和职业高中之间的界限，那些严格意义上只提供普通教育课程（A-Level）的"普通高中"已经为数不多，而兼具普通与职业教育的综合高中则成为主流。在芬兰，普通高中和职业高中可相互转换，并且，普通高中与多科技术学院，职业高中与普通高等教育也可联通。

事实上，我国一直努力创建普通教育与职业教育之间的立交桥。在两类教育中，必须增加更多的共同性，即两类学校都需要向学生提供必要的学术教育与必需的职业教育，要在学校教育实践中探究实施普职的有机组合和相互融合。普职融通不是简单意义上普通高中教育课程和职业教育课程的交汇，而是从根本上打破双轨制的高中阶段教育结构，在促进其功能性转变的基础上实现"全人"培育的目标。

2. 教育系统应该积极向社会开放

在当前学习型社会和终身教育的时代背景下，教育已经不仅限于学校这样的正规教育机构，而且也发生在学校以外的其他社会部门、机构或场所。在信息技术的支持下，一些非正规教育机构在提供学习服务方面越来越便利，而且发挥着越来越重要的作用。在今天，培养年轻一代，不能也不应该只是由学校和教师来承担，而是全社会的责任。在这个教育化的社会中，应该是任何人在任何阶段都能"需有所学"、"学有所教"。

事实上，《意见》也明确指出要"加强学校教育、家庭教育、社会教育的有机结合，构建各级党政机关、社会团体、企事业单位及街道、社区、镇村、家庭共同育人的格局”。一方面，充分挖掘社会中蕴含的教育资源，如少年宫、科技馆、研究所等兼具教育职能的社会实体机构，利用它们处在社会实践一线的有利性质，通过岗位体验、参观考察等方式为学生提供实习、实践、锻炼的机会。另一方面，充分发挥学校自身的教育优势服务社会，学校可以通过提供课程和教师等直接形式，以及开展培训的间接形式对有教育需求的机构提供教育服务，比如通过开设父母大讲堂、父母咨询活动提高家长的教育水平，或者一些亲子游戏课或读书节等直接服务于儿童。

3. 现实和虚拟之间的相互开放

当今信息科技的迅猛发展已促使我们迈向开放的网络学习空间。例如，移动设备让学习者能够在教室外获取教育资源，与他人建立联系或是创建学习内容；大规模的开放式在线课程实现了不同地域和人群的资源共享，使得处于发展困境中的儿童或者农村留守儿童享受优质的义务教育成为一种可能。

随着科技的不断更新，近两年兴起的虚拟现实技术也成为一种辅助教育教学的重要手段。虚拟教室、虚拟实验、虚拟考场……随着这些虚拟现实技术的逐渐投入使用，课堂教学方法正在被“重构”，课前备课和课后作业也逐步走向信息化、智能化。

“虚拟现实＋教育”能够为学生提供生动、逼真的学习环境，如建造人体模型、模拟太空旅行、化合物分子结构显示等，还可以节省教育成本，规避实际操作的风险。同时，虚拟现实技术带来的强大沉浸感能够帮助学生深入学习，加强印象，特别是地理知识、人文历史或微观场景的学习，在很大程度上提升了学生的兴趣度与知识传播的准确性。

学习时间、空间和关系的变化促使我们探索一种更加开放流畅的一体化学习方法，在现实和虚拟之间展开更加开放密切的互动，而且这种互动不限群体和年龄，可以从幼儿开始，延续终生。

后　记

2017 年 10 月，党的十九大报告明确提出，“建设教育强国是中华民族伟大复兴的基础工程，必须把教育事业放在优先位置，深化教育改革，加快教育现代化，办好人民满意的教育”。这一段文字站位宏大且言简意赅。但是，究竟什么是教育现代化？什么是人民满意的教育？这两大话题值得深入而全面地研究和阐述。

2016 年起，华东师范大学国家教育宏观政策研究院参与了“中国教育现代化 2030”的研究，2017 年参与了“上海教育现代化 2030”的研究。通过研究，我们对中国教育现代化与上海教育现代化的概念、内涵和体系等有了一定的认识和理解，并撰写了相应的研究报告提供给有关部门参考。

十九大之后，华东师范大学党委书记兼国家教育宏观政策研究院院长童世骏教授提出，组织多学科力量，从不同学科视角就“人民满意的教育”进行各自解读，加深对这个概念的理解，进一步引导各方对“人民满意的教育”的正确认知和科学定位。

为此，华东师范大学国家教育宏观政策研究院与马克思主义学院联合组织了哲学、社会学、管理学、经济学、政治学、统计学、传播学、心理学、教育学等多学科专家，从各自学科角度阐述“人民满意的教育”的内涵与要求。华东师范大学国家教育宏观政策研究院副院长朱益明教授负责全书统稿。

感谢各位学者的支持，使我们能够在短时间内完成本书撰写工作。也还请各位读者指教。

华东师范大学国家教育宏观政策研究院

华东师范大学马克思主义学院

2018 年 3 月

图书在版编目（CIP）数据

新时代人民满意的教育：多学科视角／童世骏等著.
—上海：华东师范大学出版社，2018
ISBN 978－7－5675－7711－4

Ⅰ.①新… Ⅱ.①童… Ⅲ.①教育研究—中国 Ⅳ.
①G52

中国版本图书馆 CIP 数据核字(2018)第 109005 号

新时代人民满意的教育：多学科视角

著　　者　童世骏等
策划编辑　彭呈军
审读编辑　孙　娟
责任校对　王丽平
装帧设计　高　山

出版发行　华东师范大学出版社
社　　址　上海市中山北路 3663 号　邮编 200062
网　　址　www.ecnupress.com.cn
电　　话　021－60821666　行政传真 021－62572105
客服电话　021－62865537　门市(邮购)电话 021－62869887
地　　址　上海市中山北路 3663 号华东师范大学校内先锋路口
网　　店　http://hdsdcbs.tmall.com/

印 刷 者　上海中华商务联合印刷有限公司
开　　本　700×1000　16 开
印　　张　11.5
字　　数　156 千字
版　　次　2018 年 8 月第 1 版
印　　次　2018 年 8 月第 1 次
书　　号　ISBN 978－7－5675－7711－4/G·11117
定　　价　42.00 元

出 版 人　王　焰

（如发现本版图书有印订质量问题，请寄回本社客服中心调换或电话 021－62865537 联系）